KLEINE
BETTLEKTÜRE
FÜR
HELLWACHE
GÖTTINGER

Kleine Bettlektüre für hellwache Göttinger

Scherz

AUSGEWÄHLT
UND ZUSAMMENGESTELLT VON
GERT WOERNER
UNTER MITWIRKUNG VON
RODERICH SCHMIDT

Scherz Verlag, Bern München Wien

Alle Rechte an der Auswahl vorbehalten
Das Copyright der einzelnen Beiträge liegt bei den
im Quellenverzeichnis genannten Inhabern
Schutzumschlag von Heinz Looser

INHALT

KARL KROLOW
Deutschland – deine Göttinger ... 7

RUDOLF OTTO WIEMER
Lichtenberg – Eine Göttinger Gedenktafel ... 23

CAROLINE SCHELLING
Briefe an die Freundin Luise Gotter ... 35

DOROTHEA VON SCHLÖZER
Doktorprüfung Anno 1787 ... 40

WILLI FEHSE
Das kleine Entzücken ... 44

LUDWIG CHRISTOPH HEINRICH HÖLTY
Zwei Gedichte ... 49

JOHANN WOLFGANG VON GOETHE
Erheiterung bei Tag, Verdruß bei Nacht ... 50

HEINRICH HEINE
«Berühmt durch ihre Würste und Universität...» ... 57

EDUARD WEDEKIND
Über den Umgang mit Heine ... 66

RODERICH SCHMIDT
Johannes Brahms und Agathe von Siebold –
Eine Göttinger Liebesgeschichte ... 74

ERNST HONIG
Das Chänse-Essen 78

MANFRED HAUSMANN
Göttinger Träume und Klänge 89

PETER BAMM
Untere Karspüle Numero 13 99

GUNTRAM VESPER
Am Stadtrand, wo ich wohne 104

Quellennachweis 117

KARL KROLOW

Deutschland – deine Göttinger

Der Süden hat – bis zu meinem zwanzigsten Lebensjahr – im Grunde mit den niedrigen Mittelgebirgswaldungen der Hildesheimer Landschaft begonnen, ehe ich den «richtigen» niedersächsischen Süden um Göttingen für Jahre genoß (und nie genug genoß, wie ich heute finde).

Ein Süden für Flachländer. Mir fiel auf, daß es in Göttingen keine Nachtigallenhecken gab wie in und um Hannover. So lyrisch war Göttingen niemals, daß es transsubstantiierte Poeten angezogen hätte! Die schluchzten eher im hannoverschen Maschpark oder am Kirchröder Turm oder in der Döhrener Marsch und natürlich in Herrenhausen. Nicht dagegen im Hainberg, trotz des Hainbundes von einst, trotz jener menschlichen Singvögel des achtzehnten Jahrhunderts. Die Dichter blieben in Göttingen Passanten. Immerhin tauchten sie wenigstens in der Weenderstraße auf und wohnten in der Barfüßerstraße oder Jüdenstraße oder sonstwo zwischen Johannis- und Jacobikirchturm – hinterließen ihre Visitenkarte in Form von Namenstafel «hier wohnte...». Sie lebten und studierten. Studieren ging nicht selten vor. Das Leben spielte sich in Bovenden (auch Beauvandan genannt) ab oder in Nicolo Monte, zu deutsch Nikolausberg, auf der Höhe, in Richtung Plesse und Hardenberg. Die Poesie war in Göttingen klein geschrieben, wenn gelegentlich auch allerhand gedichtet wurde, wie üblich, man konnte es auch hier nicht lassen, bei der Vorbereitung auf dieses und jenes Amt. Es soll sogar dichtende Professoren gegeben haben oder wenigstens der Dichtung nachsichtig gesonnene. Rilke war auch hier und mußte die Herzberger Landstraße zum Rohns herauf, um Lou Andreas-Salomé zu besuchen. Im übrigen galt immer das Versehen, das man sich gern zwischen Weser und Leine und gegen den Harz zu aufsagte:

> «Hildesheim is det hooge Fest
> Hameln is det Rattennest
> Einbeck is det Raawennest
> Nörtin is de Antjepaul[1]
> Göttingen is de hooge Schaul.»

Ohne sie war in Göttingen nichts zu machen, mochte man sich nun duellieren oder nur spazierengehen und einen Nobelpreisträger als Nachbarn haben, der sich auf Musik verstand, mochte man das Eden-Kino unter der doppeltürmigen Johanniskirche frequentieren, um sich in der Nähe

[1] Northeim ist der Entenpfuhl.

des eisernen Ofens zu erwärmen oder Harzer Käse auszulegen, um unmittelbare Banknachbarn zu verscheuchen, mochte man das Süße bei Cron und Lanz aufsuchen oder sich in der «Krone» auftragen lassen, von einer beliebigen Zimmerwirtin beliebig bespitzelt werden (Damenbesuch nur bis 10 Uhr abends) und bei der nächsten Vermieterin mit ähnlichen Eigenschaften das Weite suchen, was in Göttingen stets das Nahe und um die nächste Ecke Liegende ist, mochte man die geringste Zeiteinheit, in der ein Gerücht in der Stadt verbreitet wurde (ein Gerücht aus Universitätskreisen, versteht sich, andere Kreise gab es nicht, damals), hundertmal ein GÖ nennen und sich seiner Geschwindigkeit heute allenfalls noch einmal erinnern, wenn man des Göttinger Autokennzeichens irgendwo ansichtig wird: jene «hooge Schaul» des spöttischen und despektierlichen Liedchens entschied über das Fernere, zunächst über das bevorstehende Examen, die bevorstehende Promotion oder Exekution.

Gescheites Zwitschern

Natürlich ist es seit längerem nicht mehr ganz so wie ein Gelehrter des 18. Jahrhunderts von Göttingen befand, als es «einschließlich der Studenten» ganze 8000 Einwohner zählte: «Da die gebildeten Bewohner der Stadt mit wenigen Ausnahmen bloß aus Professoren, Universitätsverwandten und Studenten bestehen, so herrscht hier in Rücksicht des Gesellschaftlichen noch ein Ton von einiger ceremoniöser Steifheit.» Dieses Steife – abgesehen von der Göttinger Georgia Augusta – kommt schließlich unter Niedersachsen, selbst wenn sie sich nicht zu den Gebildeten zählen, schnell auf und muß darum nicht ortsgebunden verstanden werden. Immerhin verstand man sich zwischen Bunsenstraße und Nikolausberger Weg besonders gut darauf. Das Unerregbare, das echtes Wissen mit sich bringt, ist die Folge: eine besondere Art – nicht so sehr von Gemütsruhe als Ruhe im Geist, im gut trainierten Intellekt, im sorgfältig geölten Fachwissen und Bescheidwissen überhaupt. In Göttingen wußte immer jedermann Bescheid, selbst wenn er von diesem Bescheidwissen keinen besonderen Gebrauch machte. Bescheidwissen: bis auf den humanistisch gebildeten, bejahrten Briefträger, der – Einschreiben zur Unterschrift vorlegend – aus Pindar zitierte und sich das Ansehen eines in die Jahre gekommenen Studenten gab, ein Ansehen, das nicht trog – es handelte sich bei ihm fraglos um ein Exemplar eines der vielen liegengebliebenen Talente, die man nicht gleich schnöde als verbummelt bezeichnen muß. Auch von ihnen hatte das Göttinger Bescheidwissen ein für allemal Besitz ergriffen, auch wenn sie ihre Drucksachen an den nachtigallenlosen Vorgärten vorbeitrugen. Auch sie zogen das gescheite

Zwitschern vor, in dem man sich gelegentlich zu erleichtern liebte: auch Wissenschaft muß einmal entspannen.

Wen wundert es, daß es bereits zu Heines Zeiten genauso war, als er die «Harzreise» eines schönen Tages im Jahre 1824 von hier aus antrat, auf Weende zu:

«Vor dem Weender Thore begegneten mir zwei eingeborene kleine Schulknaben, wovon der eine zum andern sagte: ‹Mit dem Theodor will ich gar nicht mehr umgehen, er ist ein Lumpenkerl, denn gestern wußte er nicht mal, wie der Genitiv von *mensa* heißt.›

Dazu Fußwanderer Heine: «So unbedeutend diese Worte klingen, so muß ich sie doch wieder erzählen, ja, ich möchte sie als Stadt-Motto gleich auf das Thor schreiben lassen. Denn die Jungen piepsen, wie die Alten pfeifen, und jene Worte bezeichnen ganz den neuen, trocknen Notizenstolz der hochgelehrten Georgia Augusta.»

Das lateinische Lob Göttingens wurde hier gelebt:

«Extra Gottingam non est vita,
si est vita, non est ita.»

Immer war man versucht, das stadteigene Leben (*ita*) mit Hingabe und stadteigenem Hochmut zu führen, auf Widerruf. Das war das Angenehme. Dabei ließ es sich aushalten und durchhalten. Der

Moment kam, wo man es hinter sich gebracht hatte und die Professoren und die Behörden zurückblieben, ortsfest und auf die Dauer, fast im Sinne von Matthias Claudius. Die Institute blieben, die höheren Einrichtungen höheren Daseins, das damals noch gar nicht gesellschaftsbereit war, noch gar nicht kommunikabel und schon gar nicht umfunktionierbar. Der ASTA war nichts als ASTA, wie ein Ordinarius nichts als ein Ordinarius blieb, was doch seine Vorzüge hatte, für alle Beteiligten, auch für die Passanten, die meistens auch nicht übertrieben auf Sozietät aus zu sein schienen. Individuelle Zeiten. Man beließ einem Individualität, im Rahmen des Studienganges. Man konnte unauffällig verbummeln oder vorankommen, und Göttingen blieb Göttingen, unveränderbar – oder so, wie Heine es sah.[1]

Auch in Göttingen fing man klein an
Aber natürlich hatte Göttingen und hatten die Göttinger einmal klein angefangen. Einfach und ländlich sozusagen. Die ersten Kollegien wurden auf Böden und in Scheunen abgehalten. Das liebe Vieh, von dem noch Heine spricht, sah sozusagen zu. Immer wenn ein Lastwagen Bücher oder Geräte brachte, meinten die Einwohner, die «Universität» rolle höchstselbst herbei. Dem ersten Ana-

---

[1] Vgl. Seite 57.

tomen der *alma mater* wurde auf der Straße «Menschenschinder» nachgerufen. Aber der Stifter des Ganzen, Gerlach Adolph Freiherr von Münchhausen, Großkanzler von England-Hannover, fuhr immerhin «mit einer gar propren und güldnen Kutsche, welche mit sechs schwarzen Pferden bespannt, so rote Bürsten trugen», zur Einweihungsfeier 1737 vor, gehindert durch Ausgußpfützen und Schlaglöcher. Man hatte anfangs verschiedenes Pech. Die «Pursche» waren rabiat wie überall. Das legte sich nach einiger Zeit, und bald schon beklagte man, was man hinter sich gebracht hatte: «Wo höret man itzt wohl, daß noch einer erstochen wird?» Mit den Professoren war es auch nicht recht bestellt. Zwei starben kurz nach ihrem Eintreffen, einer blieb – wie man hört – in der Antrittsrede stecken und ließ sich daraufhin nicht wieder auf dem Katheder sehen. Ein weiterer kam mit den Studenten nicht aus und zerstritt sich mit den jungen Herren wegen seiner Forderung, daß die Hörer während des Kollegs die Hüte abzunehmen hätten. Schließlich wurde ein fünfter gelehrter Mann nachts aus dem Bett geholt und als Querulant heimlich über die Grenze geschafft.

Lichtenberg blieb

Aber um Wilamowitz zu zitieren: «Ein Professor, der nach Göttingen kommt, richtet sich auf Bleiben ein.» Das galt zu meiner Zeit auch für viele

Studenten. Sie blieben einfach – als Niedersachsen, mit dem nötigen Sitzfleisch. Geduld gehört dazu. Sie hatten sie. Eine «Arbeitsuniversität» nannte man so etwas. Auch Lichtenberg blieb, kein blinder Hesse, in Niedersachsen. Blieb bei Elektrisierapparat, Skripten, Blumenmädchen, blieb beim Drachensteigen auf dem damals noch nicht belaubten Hainberg:

«Am Donnerstag erstieg ich den Hainberg wieder mit dem Drachen. Der Wind war aber nicht stark genug. Lustig war es, daß sich sogar galante Mamsellen einfanden. Die eine behauptete, der Schwanz wäre zu kurz, und die andere, er wäre zu lang. Es ist dieses kein Scherz von mir, sondern *res facti*. Sie waren unschuldig, und so ging es auch diesmal ohne Lachen ab, zumal da wir unter uns waren. Man erkennt indessen hieraus die Verschiedenheit der menschlichen Urteile. Was dem einen zu lang ist, ist dem andern zu kurz.» Beim nächsten Mal blieb man wieder unter sich, trotz der 200 Studenten, die sich das Schauspiel (das mißglückte) ansehen wollten.

Jeder Blitz ein Schlag

Das damalige Göttinger Wetter – nicht nur meteorologisch betrachtet – findet in Lichtenbergs Briefen zuweilen denkwürdige Registrierung, wie jenes Juligewitter des Jahres 1783, bei dem auch ein aufgeklärter Kopf vorübergehend sich über den

Fortgang des Schicksals im unklaren war: «Jeder Blitz war ein Schlag. Als es einmal so tief donnerte, daß ich dachte, es wäre unter mir, so kann ich wohl sagen, habe ich niemals meine Nichtigkeit mehr gefühlt, als in dem Augenblick. Wahrhaftig, es kamen mir Tränen in die Augen bloß der Bewunderung und der innigsten Andacht... Allein die Straße war eine Leine. Die Schweine sahen so rein aus wie Menschen und die Menschen wie Schweine.» Der Bericht schließt erleichtert: «Das Gewitter entfernt sich und die Mamsellen treten vertikal an die Fenster.» Man konnte sie sich vorher gut in der Horizontale denken, in die Gewitterfurcht manchen jagt. Das Dankblasen vom Turm (der Johanniskirche) «Nun danket alle Gott» blieb diesmal unerwähnt.

Was die von Heine gerühmten Göttinger Würste betrifft, so überbietet ihn Lichtenberg durch folgenden Bericht:

«Ein Päckel mit *farciminibus Gottingensibus* (Göttinger Wurst) folgt anbei, wenn das Zeug nur nicht verdorben ist, ich habe sie schon etwas lange in meiner Bibliothek hängen gehabt, weil da der Feind nicht hinkommt. Sollte sie abgestanden sein, so erfolgen mit erster Gelegenheit andere. Es ist besonders, wie diese Würste außerhalb in Kredit sein müssen. Dieterich (Lichtenbergs Hauswirt und Verleger) schickt alle halbe Jahr mit anderen Geistesprodukten wenigstens 1/2 Zentner davon nach Berlin. Die literarischen Produkte und hiesigen Mettbücher kamen zuweilen wieder zurück. Aber man hat kein Beispiel dafür, daß je eine Wurst wieder zurückgekommen wäre. Man hat hier ein altes Gedicht auf die Stadt, darin heißt es:

> Berühmt in allerlei Bedeutung,
> Durch WÜRSTE, Bibliothek und Zeitung,
> Kompendien und Regenwetter,
> Und breite Stein und Wochenblätter.»

Lichtenberg, der sich vermutlich nicht ohne weiteres in seine Göttinger Karten blicken ließ, war seinem Familientisch gegenüber einmal, ziemlich spät in seinem Leben, als er eine zweite brave Ehe führte, großzügiger. Sein Traiteur schickte ihm täglich für Frau und sechs Kinder «Suppe, Gemüse, Braten und ein Bei-Essen und zweimal in der Woche Gebackenes. Dieses alles wird auf meinen häuslich besetzten Tisch gebracht, und ich wähle zuweilen nichts von dem und speise bei mir selbst. Aber auf alle Fälle wählen die Kinder, und endlich nimmt es das Gesinde.»

Bürgers Begräbnis
Mit dem Fernrohr – hier Perspektiv genannt – beobachtete Professor Lichtenberg das armselige Begräbnis des unglücklichen Lenore-Dichters Bürger, dem nicht zu raten und zu helfen gewesen

war. Man schrieb den 14. Juni 1794: «Der gute Bürger ist mir in diesen Tagen wenig aus dem Sinn gekommen. Ich habe sein Begräbnis durch das Perspektiv mitangesehen. Als ich den Leichenwagen mit einer Art von Anlauf durch das Kirchhof-Tor rollen sah: so hätte nicht viel gefehlt, ich hätte laut aufgeweint. Das Abnehmen vom Wagen konnte ich unmöglich mit ansehen, und ich mußte mich entfernen. Es begleitete ihn niemand als Professor Althof mit farbigem Kleide, Dr. Jäger und des Verstorbenen armer Knabe. Ich hätte gedacht, daß das, was mich in den letzten drei oder vier Jahren so oft an Bürgern geärgert hat, bei dem soeben beschriebenen Auftritt kein geringer Trost für mich werden könnte – nämlich, daß er größtenteils an seinem Unglück selbst schuld war. Vielleicht ganz allein. Es wird freilich mit den *pictoribus atque poetis* niemals viel anders gehen ... Seine letzte Frau soll jetzt eine ganz gemeine H ... in Leipzig sein.»

So war das wohl. Da wurde jemand, der Gedichte geschrieben und in Göttingen den sträflichen Ehrgeiz entwickelt hatte, auch noch an der Universität zu reüssieren, zu Grabe vor das Weender Tor getragen. Und wenigstens aus der Ferne kommt so etwas wie mit schlechtem Gewissen vermischtes Mitleid auf. Ein Dutzend Jahre zuvor hatte der bodenlose Bürger vergeblich versucht, Boden unter die Füße zu bekommen und im nahen Wöllmarshausen als Pächter eines Gütchens zu leben. Damals hatte er einem Freund berichtet: «Hättet Ihrs Euch träumen lassen, daß aus dem Musensohn noch ein aus- und eingemachter Mistfinke werden sollte?... Es ist wahrhaftig nicht unangenehm, seine Rosse um sich herum wiehern, seine Stiere und Kühe brüllen, Schafe blecken, Schweine grunzen, Gänse und Enten schnattern, Hühner gackern und Tauben murken zu hören... Ich wühle in der Erde wie ein Maulwurf. Der Schreibtisch stinkt mir an. Ich mach viele Verse im Kopf, habe aber selten Lust, sie aufzuschreiben.»

Göttingen – Deine Musenalmanache! Aber die waren – als sie hier erschienen – auch anderswo in Mode. Und die Klopstockschwärmer des Hainbunds, von denen Göttinger Klatsch schnell bereit war anzunehmen, daß sie – nach Bardenart – «in Tierhäute vermummt um Mitternacht auf den Bergen geopfert» hatten, hielten sich auch nur in ihrer idealen Poetengemeinschaft, solange das Studium dauerte, das sie – unter den strengen Blicken dieser *alma mater* – sogar bestanden, um sich unauffällig in brave Lehrer, Pastoren und Verwaltungsbeamte zu verwandeln, über Niedersachsen verteilt.

Göttinger Schmand
Möglicherweise haben sie zu ihrer Zeit auch schon den Göttinger «Schmand» nicht nur gekannt, sondern gegessen, in Nikolausberg oder wo es sich

traf: Göttingens bekannten Hefekuchen mit dem Belag von Sauerrahm, der mir immer als eine Art lokaler Ersatz des von mir geschätzten Käsekuchens erschien, jedenfalls als ein solcher verzehrt wurde. Aber der Schmand – so erscheint mir das heute – war sämiger, fetter als der trockene Käsekuchen, den man in Hannover, wo alles Gebäck so rasch trocken wie seine Bäckerinnen gerät, zu sich nahm. Der Schmand hatte etwas Ländliches. Man genoß ihn im Hofe irgendeiner dörflichen Wirtschaft mit schattenspendenden Bäumen, bei dünnem Kaffee oder weniger dünner Milch, am liebsten bei Buttermilch, um das Rustikale des ganzen Eßvorgangs noch zu erhöhen. Dann zerging der Schmandkuchen im Munde. Er wurde geradezu schmelzend. Die Szenerie konnte dann tatsächlich für einen Augenblick nahe an die kleine Geschichte kommen, in der Voß und Hölty vor Göttingen ihre dicke Milch essen, sich danach aber nicht unter die blühenden Bäume im allzu kleinen Wirtshausgarten legen können, der gerade als Bleiche genutzt wird. Mit der Milch im Magen überkam sie die Poesie dann aber doch richtig im nahen Pfarrhausgarten, der ihnen überlassen wurde. Man sitzt – gelebte Lyrik – in einer Laube aus Apfel und Holunder, und Hölty liest Kleists «Frühling» vor. Voß hierzu: «Rund um uns war alles Frühling. Die Tauben girrten, die Hühner lockten, von ferne ließ sich eine Schar Knaben auf Weidenflöten hören, und die Apfelblüten regneten so auf uns herab, daß Hölty sie von dem Buche wegblasen mußte.»

Standpunkte, Standpauken

Das so leicht gravitätische, das steife Göttingen leistet sich allemal nur verstohlene Idyllen wie diese. Sie müssen irgendwie zur Gelehrtenstube passen, die sich bis heute erhalten hat, wenn sich auch ihr Mobiliar inzwischen gründlich änderte. Ein Nobelpreisträger und längst emeritierter Professor blieb unterm Rasiermesser des Friseurs von der Ecke ein Nobelpreisträger. Ein Schriftsteller dagegen war bestenfalls gut, um im Pro- oder Oberseminar des deutschen Instituts interpretiert zu werden. Das war auch nicht wenig, doch wenig im Vergleich mit einer wirklich lebenden wissenschaftlichen Berühmtheit. Im übrigen kann man bei solchem Vergleich an David Hilberts gelegentlichen Ausspruch erinnert werden: «Ach der! Der ist unter die Dichter gegangen. Für die Mathematik hatte er nicht genügend Phantasie.» Andererseits mochte für manchen seiner Kollegen gegolten haben, was Hilbert ein andermal verlauten ließ: «Es gibt viele Leute, die haben einen Gesichtskreis mit dem Radius Null, und das nennen sie ihren Standpunkt.»

Standpunkte fielen in Göttingen nicht selten vom Katheder – damit sie ihren akademisch-pädagogischen Zweck erfüllten – als Standpauken aus. Die Grenze zwischen Bescheidwissen und Besserwissen ist nun einmal hauchdünn, ganz unabhängig vom Fach, das man vertritt. Fakultät glich hier Fakultät, mit dem jeweilig ressortmäßig begrenzten Alptraum einer durchschnittlichen Fakultätssitzung. – Einer der frühen Leuchten der Göttinger Wissenschaft, dem Mathematiker, Astronomen und Philosophen Abraham Gotthelf Kästner wird nachgesagt, daß er nicht wenig selbstbewußt und ebenso schlagfertig gewesen sei. Von der Göttinger Gesellschaft hielt er mit Recht nicht viel. Ein Ball galt ihm soviel wie eine Gesellschaft von Füßen, und ein geselliges Essen nannte er eine Gesellschaft von Mägen. Und man konnte ihn hinzusetzen hören: «Es gibt nicht viele Gesellschaften von Köpfen und noch weniger von Herzen.» Auf die Frage, wie er sich auf einer abendlichen Zusammenkunft unterhalten habe, soll der selbstbewußte Kästner einmal zur Antwort gegeben haben: «Ohne mich hätte ich mich sehr gelangweilt.» Man muß aus solcher Erwiderung nicht schließen, daß es daheim bei dem Herrn Hofrat zugegangen wäre wie sein Kollege Lichtenberg einmal in seinen Sudelbüchern vermerkt: «Seine Frau mußte ihm alle Abende die eheliche Pflicht leisten, seine Prahlereien anzuhören.»

Hier trieft der Honig der Erkenntnis
Um bei diesen Sudelbüchern einen Augenblick zu bleiben – in ihnen ist auch von einem Lapsus die Rede, der zur lieben Göttinger Gewohnheit hätte erweitert werden können, da es sich um einen humanistisch gebildeten Lapsus handelt: «Er las immer ‹Agamemnon› anstatt ‹angenommen›, so sehr hatte er den Homer gelesen.»

Lichtenberg wußte, was er von Göttingen zu halten hatte. In seiner «Epistel aus Göttingen» heißt es:

«Hier trieft der Honig der Erkenntnis
Und dort die Sahne vom Verständnis.
Kommt, Jünglinge, die ihr gebessert
Sein wollt, und trinkt sie ungewässert!»

Zu den vielen Verabfolgungen besagten Erkenntnishonigs gehört wohl auch Hilberts Feststellung: «Die Physik ist ja für die Physiker viel zu schwer.» Sie konnten es in dieser Stadt dennoch nicht lassen. Atomphysiker wurden daraus. – Eine etwas stillere, wenn auch folgenreiche Erkenntnis dämmerte hier einst dem jungen, anfangs das Jurastudium betreibenden Wilhelm von Humboldt: «Wie ich nach Göttingen kam, da dämmerte es erst in mir, daß doch eigentlich nur das Wert habe, was der Mensch in sich hat.»

RUDOLF OTTO WIEMER

Lichtenberg – Eine Göttinger Gedenktafel

Man schrieb den 6. Mai 1763, als L., von Darmstadt über Frankfurt und Kassel reisend, durch das Groner Tor in Göttingen einzog. Wenn man die Kur in Regenwasser trinken will, so muß man nach Göttingen kommen: Da hat man es allezeit frisch, vermerkt L. in seinem Tagebuch, ebenso wie er das schreckliche Kuhunglück notiert, das sich 1765 im Groner Tor ereignete, als beim Austreiben der Rinder über 70 Kühe erstickten. Ich habe sie selbst liegen sehen, bemerkt er, denn wovon das Herz nicht voll ist, davon geht der Mund über, solches habe ich öfter wahr gefunden als den entgegengesetzten Satz.

L. wurde als achtzehntes Kind eines armen hessischen Landpfarrers am 1. Juli 1742 fünf Uhr nachmittags in Ober-Ramstadt am nördlichen Rande des Odenwalds geboren und wegen leiblicher Schwachheit noch am gleichen Tag der christlichen Taufe unterzogen. Ja, unser Leben kann man mit einem Wintertag vergleichen: Wir werden zwischen zwölf und eins des Nachts geboren, es wird acht Uhr, ehe es Tag wird, und vor vier des Nachmittags wird es wieder dunkel, und um zwölf sterben wir.

Göttingen war damals keine sehr einladend aussehende Stadt. Man war gerade dabei, die Schäden des Friedericianischen Krieges zu beseitigen. Die alten Festungsanlagen wurden geschleift, die Wälle entfestigt und durch Bepflanzung zu einer Promenade gemacht. Die Allee, in der die Göttinger Professoren in gemessener Würde auf und ab wandelten, hieß noch nicht Goethe-Allee. Sie war mit Ulmen bepflanzt; vorher waren es Linden gewesen, später, da die Ulmen nicht recht gediehen, wiederum Linden. Die Wälder werden immer kleiner, das Holz nimmt ab, was wollen wir anfangen? Oh, zu der Zeit, wenn die Wälder aufhören, können wir sicherlich so lange Bücher brennen, bis wieder neue aufgewachsen sind. Der Ort hatte rund 7000 Einwohner, darunter mancherlei Viehzeug, Pferde, Kühe, Ziegen, Hunde, Katzen, Ratten und Mäuse, die Felder reichten bis in die Straßen herein. Die Einwohner verhielten sich den Zeitläuften gegenüber stumpf, denn nichts kann mehr zur Seelenruhe beitragen, als wenn man gar keine Meinung hat.

Die Vorlesungen hielten die Göttinger Professoren in ihren Privatwohnungen. Wir ziehen, sagt L., unsere Köpfe in Treibhäusern. L., der als Schüler durch Fleiß und Scharfsinn den ersten Platz im Pädagogium zu Darmstadt rühmlich innehatte, vergleicht in einer lateinischen Rede die Heldentaten Hannibals mit denen Cäsars und setzt auseinander, wie sehr das Studium der Mathematik zur wahren Förderung der menschlichen Existenz beiträgt. Man spricht viel von Aufklärung und wünscht mehr Licht. Mein Gott, was hilft aber alles Licht, wenn die Leute entweder keine Augen haben oder die, die sie haben, vorsätzlich verschließen? Später weist L. aufgrund seiner Reiseeindrücke als erster auf die gesundheitliche Bedeutung von Seebädern auch in Deutschland hin. Nach ihm benannt werden die «Lichtenbergschen Figuren», und an seinem Gartenhaus, Hospitalstraße 3, befestigt L. den ersten Blitzableiter in Göttingen, denn ein Schlag, der so heftig ist, daß das Ach bleib mit deiner Gnade auf zehn Quadratmeilen angestimmt wird, läßt sich dennoch wie ein Lamm an einem Glockendraht leiten, ja durch vergoldete Leisten unschädlich abführen. Merke: Daß in den Kirchen gepredigt wird, macht deswegen die Blitzableiter auf ihnen nicht unnötig. Aber höre mal, mit meinem Oberbette ist etwas vorgegangen. Ich glaube, die Hartmannin hat die Federn herausgenommen und Ducksteine hineingestopft. Denn Vögel mit solchen Federn gibt es in ganz Europa nicht.

L. lebt als Student in Göttingen, auch als Studenten-Hofmeister, wird 1770 außerordentlicher und 1775 ordentlicher Professor für Mathematik und Experimentalphysik, reist mehrmals nach England, nach Hannover, Osnabrück, Stade. In

Celle hat L. die Königin von Dänemark speisen sehen. Sie ist nicht sehr groß, dabei recht, was man ausgestopft nennt, alles ist dick, doch ohne in das schmalzig Forstmeistermäßige zu fallen. Im übrigen, das Schwein (des Darmstädter Bruders) ist gut und wohlbehalten angekommen und von den drei Rittern vom blauen Hosenbande mit dem größten Dank und Vergnügen aufgenommen worden. Mit seinen englischen Studenten, denen er einen Mittagstisch einrichtet, wird L. gut fertig, wenn er auch später darüber geklagt hat, die zehn schönsten Jahre seines Lebens mit der Zähmung von Engländern verloren zu haben. Mit ihnen besucht er den Göttinger Schützenplatz, wo L. auf der benachbarten Maschwiese die Tragweite seiner Stimme ausprobiert: Sie reichte nur 50 Schritte weit. Auf 60 Schritte, sagt L., kann ich demnach dem größten Herrn ganz dreiste eine Sottise sagen. Zum Beispiel Herrn Klopstock, denn ich wollte zwei Messiaden gern für einen kleinen Teil des Robinson Crusoe hingeben.

Dem Tabak- und Kaffeegenuß ist L. keineswegs abgeneigt. Auch liebt er das Kegeln, trotz seiner ungeeigneten Körperlichkeit, denn er hatte seit seinem achten Jahr durch die Unvorsichtigkeit der Wärterin eine verwachsene Gestalt, dazu ein knorpliges Gesicht und ist, obwohl Professor, dem gemeinen Volk besonders zugetan: Es kann einer in seinem zwanzigsten Jahr noch glauben, daß das Königreich Preußen eine Insel sei, und deswegen doch ein in allem Betracht trefflicher Mensch sein; ich habe einen solchen gekannt.

Aber auch L. wird von trüben Gedanken nicht verschont. Im August 1769 habe ich, schreibt er, mehr an Selbstmord gedacht als jemals vorher. L. entwirft die Rede eines Selbstmörders, kurz vor der Tat aufgesetzt, und verfaßt das Testament eines Studiosi bei seinem Hintritt aus diesem Studentenleben. Die Sanduhren erinnern nicht bloß an die schnelle Flucht der Zeit, sondern auch an den Staub, in welchen wir einst verfallen werden.

Die Beobachtung des Durchgangs der Venus durch die Sonne findet am 3. Juni 1769 auf dem Dachboden des Hauses des Mathematikers und Philosophen Abraham Gotthelf Kästner, Nikolaistr. 25 statt, wobei einige Dachziegeln ausgehoben und die Fernrohre durch die Öffnung hindurch auf den Abendhimmel gerichtet werden. Seltsame Eindrücke. Wenn uns ein Engel einmal aus seiner Philosophie erzählte, ich glaube, es müßten wohl manche Sätze so klingen wie: 2 mal 2 ist 13. Oder andersherum: Ich bin überzeugt, wenn Gott einen solchen Menschen schaffen würde, wie ihn sich die Magistri und Professoren der Philosophie vorstellen, er müßte den ersten Tag ins Tollhaus gebracht werden, denn die meisten haben selten mehr Licht im Kopf, als gerade nötig ist, zu sehen, daß sie nichts darin haben.

Geliebt hat L. nur ein- oder zweimal, schreibt er selbst, das eine Mal nicht unglücklich, das andere Mal aber glücklich. Genauer: L. hat mit achtunddreißig und mit zweiundvierzig Jahren zwei Frauen ohne den Segen der Kirche, an die er nicht mehr glaubte, zu sich genommen und mit ihnen gelebt. Die eine war fünfzehn, die andere vierundzwanzig Jahre alt. Mein Leben, schreibt L., hat nie höher gestanden als im August 1765 und im Februar 1766. Einen Sommer und einen Winter: genug für mich. Mein lieber Freund, stelle dir ein Mädchen vor, nicht sehr reich, aber doch für ihren Stand wohlhabend, gutherzig und nicht sehr groß, mehr fleischig als fett, gewachsen wie, wie – – wie das schönste Mädchen gewachsen sein muß, wie ein Bogen, wo aber die konvexe Seite Brust, Bauch und Schenkel werden. Ihr Busen – Oh Ljungberg, Ljungberg, wie viel, wie viel war da. Wollust, du kennst dieses Wort in unserer Bedeutung, in unserer gefühlvollen Bedeutung. Diese wohnte auf ihr. Ihre Sprache! Engel, sprecht so, ich bin fromm, ich bin gottselig, ich bin Engel. Ihr Kuß, zu hoch sind meine Empfindungen nun gestimmt als daß irdische Worte – Nonsense, Nonsense. Gottsched, was bist du, Riedel, Kästner, Wieland, Rosenfarb und Silber, Amen.

Maria Dorothea Stechardin, das 15jährige Mädchen, ist die Tochter eines Leinenwebers. Im Jahre 1777 (die Sieben taugen wahrlich nicht) lernt L. sie kennen: Sie befand sich in einer Gesellschaft von fünf bis sechs anderen, die, wie die Kinder hier tun, auf dem Wall den Vorbeigehenden Blumen verkaufen. Sie bot mir einen Strauß an, den ich kaufte. Ich hatte drei Engländer bei mir. God almighty, sagte der eine, what an handsome girl! Kurz, ich nahm sie nach einem Jahr mit Bewilligung der Eltern ins Haus. Hier unterrichtete ich sie in allem, was, wie ich glaubte, nötig wäre, sie zu einer recht guten Frau zu machen. Du gerechter Himmel, und dieses Mädchen, eben in dem Augenblick, da ich mich auch vor der Welt mit ihr verbinden wollte, ist gestorben am 4. August, da die Sonne unterging. An der Rose am Kopf.

Ein Mädchen, die sich ihrem Freund nach Leib und Seele entdeckt, entdeckt die ganzen Heimlichkeiten des ganzen weiblichen Geschlechts. Es gibt Stellen, wo Bauernmädchen aussehen wie Königinnen; das gilt von Leib und Seele. Und es ist schade, daß die feurigen Mädchen nicht von den schönen Jünglingen schreiben dürfen, wie sie wohl könnten, wenn es erlaubt wäre. So ist die männliche Schönheit noch nicht von denjenigen Händen gezeichnet, die sie allein recht mit Feuer zeichnen könnten.

L.s zweite Frau heißt Margarete Kellner, Tochter eines invaliden Soldaten und Weißbinders aus Nikolausberg. L. nimmt die Vierundzwanzigjährige als Haushälterin zu sich. Nach vier Jahren läßt er sich mit ihr copulieren, durch HE. Pastor Kahle. Die honetten Bürger Göttingens tuscheln. Sagt, ist noch ein Land außer Deutschland, wo man die Nase eher rümpfen lernt als putzen?

L. setzt sich über die Vorurteile lachend hinweg. Er ist auch in früheren Jahren eher mutwillig als hypochondrisch gewesen. Die Jungfer Marie (Dieterichs Köchin aus Arnstadt, die sich später nach Erfurt verheiratet) muß ich mir immer vorrücken lassen, und ich sehe nicht ein warum, denn daß ich ihr mit der Hand an die Backen geklopft habe, dafür hat sie ihre Backen und ich meine Hände. Denn wieder ist L. so kalt, so kalt gegen alles, ein Bettelmädchen von 16 Jahren ausgenommen, die jetzt eins von meinen Hemden trägt. Todesahnungen mischen sich mit skurrilem Witz und spöttischer Laune. Der junge Herr von Tscharner ist bereits am Freitag früh in die Ewigkeit gegangen. Ich hatte also diese Tage Anlaß genug zu sehr konkreten Todesbetrachtungen, die ich, in Wahrheit zu reden, nicht sehr liebe. Poltern des Sarges die Treppe herunter, zunageln desselben, Wachslichter, Rauchpulvergeruch und Dampf durch das ganze Haus, schwarz gekleidete Leute und mit Flor frisierte und überzogene Sachen, Schüsseln mit Zitronen, weiße Handschuhe, oh, es ist ein fatales Geschäft. Daneben meldet man von Paris, daß man dort eine Eselin von einem Bullen habe belegen lassen, und daß sich die Eselin schwanger befinde. Obendrein, Bürger sagt mir, Sie wären, wie er glaube, verliebt. Recht so. Mich freut es immer, wenn ich von einem verliebten Anatomiker und Physiologen höre; da schneiden sie und zerlegen und betrachten die Partes und raisonnieren, und am Ende müssen sie doch die unzerstükkelte Maschine nehmen, um vergnügt zu sein. Was mich betrifft, so habe ich heute mit einem englischen Tubus, der 120 Reichstaler kostet, in einem entlegenen Haus die Zärtlichkeit eines Kammermädchens und eines Bedienten beobachtet, der Auftritt schien dem Acteur mehr als 120 Taler wert zu sein. Der Kerl lag wahrlich einmal auf den Knien, ich konnte ihn ganz übersehen, aber seine Hand konnte ich nicht finden, glaube ich, und wenn mein Tubus 500 gekostet hätte. Die Szene war sehenswert.

Und im gleichen Stil: Mein Gott, was für ein Bauernmädchen habe ich soeben gesehen! Zum Unglück hatte sie nichts zu verkaufen, was ich brauchte, und umgekehrt, was ich brauchte, verkaufte sie nicht. Am Ende kam ein Donnerwetter über uns und ein solcher Sturm, daß die Mädchen von vorne aussahen, als hätten sie Hosen an, so entsetzlich drückte der Wind, und die er von hinten traf, sahen noch lustiger aus.

Die grellen Fanfaren der Weltpolitik dringen nur gedämpft herein. Friedrich, der Preuße, stirbt 1786, Polen wird dreimal geteilt, die Monarchen handeln das Fell unter sich aus. Doch, sagt L., nicht ohne Sarkasmus: Es kommt nicht darauf an, ob die Sonne in eines Monarchen Staaten nicht untergeht, wie sich Spanien ehedem rühmte, sondern was sie während ihres Laufes in diesen Staaten zu sehen bekommen hat. In Frankreich bricht die Revolution aus. Doch das Traurigste, was diese Revolution für uns bewirkt hat, ist unstreitig das, daß man jede vernünftige und von Gott und Rechts wegen zu verlangende Forderung als einen Keim von Empörung ansehen wird. Lessing stirbt, Bürger stirbt. L. schreibt Jahr um Jahr an den Bänden seines *Göttinger Taschenkalenders* und gibt mit Georg Forster das *Göttingische Magazin der Wissenschaften und Litteratur* heraus. Er bekämpft die Empfindsamkeit des Sturm und Drang und die Mystik der zeitgenössischen Philosophie. Der Buchmarkt ist voll aufregender Neuerscheinungen. L. macht skeptische Bemerkungen: Eine seltsamere Ware als Bücher gibt es wohl schwerlich in der Welt – von Leuten gedruckt, die sie nicht verstehen, von Leuten gekauft, die sie nicht verstehen, gebunden, rezensiert und gelesen von Leuten, die sie nicht verstehen, und nun gar geschrieben von Leuten, die sie nicht verstehen. Immerhin hat mancher Autor so viel Verstand, daß er fast zu nichts mehr in der Welt zu gebrauchen ist.

L., inzwischen 59jährig, wendet sich dem Künftigen zu: Ich wollte einen Teil meines Lebens hingeben, wenn ich wüßte, was der mittlere Barometerstand im Paradiese gewesen ist. Und: Ist denn wohl unser Begriff von Gott etwas weiter als personifizierte Unbegreiflichkeit? Er bereut nichts von dem, was er gesagt und geschrieben hat. Doch: Es ist fast unmöglich, die Fackel der Wahrheit durch ein Gedränge zu tragen, ohne jemandem den Bart zu versengen. Er verabschiedet sich von der Welt in großer Eile bei unangenehmer Witterung und Sperlingsgesang. Er stirbt am 24. Februar 1799, ohne das neue Säkulum zu sehen, und wird auf dem Bartholomäifriedhof bestattet, wo sein Grab bis heute erhalten blieb.

Schon sechs Jahre vorher gibt er seinem treuesten Diener den Laufpaß. Ich weiß nicht, schreibt er, ob Du den großen gelben Hosenknopf gekannt hast, den ich voriges Jahr zuoberst an meinen Hosen trug. Es war der einzige metallene an meinem ganzen Leibe. Er hat mich nie verlassen, seit 1769 versah er diese Stelle mit einer für einen Hosenknopf bewundernswürdigen Treue und Ernst. Da ich merkte, daß ihm der Dienst sauer wurde, so adjungierte ich ihm einen neuen Modeknopf, der ehemals auf Swantons Uniform gesessen hatte, das Regiment liegt jetzt in Minorca. Dieses nahm er übel. Im Dezember fing er an zu klagen und den Kopf zu hängen, und gestern Nachmittag zwischen drei und vier zerriß das Band, das uns über drei Jahre aneinander geknüpft hatte, ich meine die Saite im Holz, und er lag vor mir auf der Erde. Ich nahm den armen Teufel auf und sah ihn eine Zeitlang an, mit einem Mitleid, als wenn er mein Nebengeschöpf gewesen wäre. Habe Dank, sagte ich ihm, erster unter den Knöpfen, für Deine Dienste. Wer weiß, ob ich nun nicht ewig die Hosen heben muß. Ruhe sanft, ein Philosoph erkennt Deinen Wert, und damit flog er in einen Bach, der unter meinem Fenster wegfließt, so dichterisch, als je einer in einem Liedchen gemurmelt oder gerieselt hat. Wandrer, sieh diesen Hosenknopf, den treusten seines Geschlechts, an, statt über dieses Lob zu lachen, so fühle erst, ob Dir der Deinige noch festsitzt, und gehe weiter.

You do'nt understand? Sorry, Mylord. Aber: wenn ein Buch und ein Knopf zusammenstoßen und es klingt hohl, ist das allemal im Buch?

CAROLINE SCHELLING
(geschiedene Schlegel, verwitwete Böhmer, geborene Michaelis)

Briefe an die Freundin Luise Gotter

(Göttingen, Ende Oktober 1781)
Du hast Schlözer und seine Tochter kennen gelernt. Was sagst Du zu dieser Reise, und zu der sonderbaren Erziehung? Ich wundre mich, daß ein Mann mit so viel feinen, durchdringenden, umfassenden Verstand, zuweilen mit so wenig Vernunft handelt. Es ist wahr, Dortchen hat unendlich viel Talent und Geist, aber zu ihrem Unglück, denn mit diesen Anlagen und den bizarren Projekten des Vaters, die sie zu der höchsten Eitelkeit reizen werden, kann sie weder wahres Glück noch Achtung erwarten. Man schätzt ein Frauenzimmer nur nach dem, was sie als Frauenzimmer ist. Ein redendes Beispiel davon habe ich an der Prinzessin von Gallizin, die hier war, gesehen, sie war eine Fürstin, hatte viel Gelehrsamkeit und Kenntnisse, und war mit alledem der Gegenstand des Spotts, und nichts weniger wie geehrt. Dortchen wird eine andre Gallizin werden. Zumal da der Vater sehr reich ist, und alle seine Absichten durchsetzen kann. Und nun diese Reise, die Vater und Tochter den dringendsten Gefahren aussetzt; nach einem

Lande, wie Italien ist, ein junges Mädchen, sollte sie auch noch ein Kind sein, ohne weibliche Aufsicht! Und der Vater, da die Reise durch Länder geht, wo er von der Rache der Jesuiten, denen er durch sein Journal wesentlichen Schaden getan hat, alles befürchten muß, wenn ich alles andre nicht rechnen will; und durch die Schweiz darf er gar nicht einmal reisen, das weiß er auch wohl. Er hat im letzten Heft von Lichtenbergs Magazin etwas eingerückt von Wasers Tod, das eine Revolte in der Schweiz hervorbringen kann, und unsre hiesigen Schweizer sind so wütend aufgebracht gegen ihn, daß ich froh bin, daß er schon weg war, wie der Aufsatz erst erschien. Alle seine Freunde, und vorzüglich mein Vater, tun ihm oft genug Vorstellungen, aber er ist taub, sein Witz, sein beißender treffender Witz verleitet ihn, er kann keinen satirischen Gedanken unterdrücken, und wär er noch so bitter. Und doch hat er gewiß einen guten Charakter. – Nikolai war denn auch hier, und was (war's) freilich selbst, der mir sagte, daß er einen Tag länger geblieben wäre um Dich spielen zu sehn. Sein Äußerliches gefällt mir sehr gut, aber ich halte mehr von seinem Verstande wie von seinem Herzen, der Sohn gefiel mir ganz wohl. Sie soupierten bei uns.

Der Auszug vom Goethischen Stück, für den ich Dir sehr danke, macht mich sehr begierig die Aufführung zu sehn, die aber freilich interessanter sein muß wie der simple Plan, wenn sie die Ehre haben soll mir zu gefallen. Wär Dirs nicht möglich, mir etwas davon zu schicken, denn Deine Rolle hast Du doch wohl. Schade, daß Goethe, der so ganz herrlich, so hinreißend schön schreibt, so sonderbare Gegenstände wählt; und doch kann ich weder seinen Werther, noch Stella, noch die Geschwister unnatürlich nennen, es ist so romanhaft, und liegt doch auch so ganz in der Natur, wenn man sich nur mit ein bißchen Einbildungskraft hineinphantasiert ...

Göttingen, den 1. November 1781
... Vielleicht sind auch meine Begriffe von der Freundschaft zu ausgedehnt, und ich begreife die Liebe mit drunter, doch wirklich verlieben werde ich mich gewiß nie (denn was ich bisher dafür hielt, war nur Täuschung meiner selbst, ich entsagte diesen Hirngespinsten mit so weniger Mühe); aber wenn ich heiraten sollte, so würde ich für meinen Mann die höchste Freundschaft, und doch vielleicht nicht so viel, wie für meinen Bruder hegen. – Soll ich Dir noch eins sagen, das auch wohl Folge einer kleinen Sonderbarkeit ist, ich würde, wenn ich ganz mein eigner Herr wäre, und außerdem in einer anständigen und angenehmen Lage leben könnte, weit lieber gar nicht heiraten, und auf andre Art der Welt zu nutzen suchen ...

Göttingen, am 30. Sept. 1783

... Noch in aller Eil ein Wort, meine Liebe. Goethe war hier, und ich hab ihn nun gesehn. Er hielt sich zwei Tage hier auf. Am ersten waren wir mit seinem Anblick zufrieden, weil wir uns nicht träumen ließen, daß er so weitläufig Besuche geben würde, der folgende Tag war zu einer kleinen Reise aufs Land bestimmt, die einige Herren veranstaltet hatten, uns jungen Damen in die schönsten Gegenden vom ganzen Hannöverischen Land einzuführen. Wir fuhren mit schwerem Herzen weg, und die liebe Sonne am Himmel freute uns nicht. Alles Schöne, was wir sahn, konnte ihn uns nicht vergessen machen. Da ward denn ein bißchen geschwärmt, aber nicht tragisch, versteht sich. Ich machte mir unter andern weiß, wir wären hierher gegangen seine Gegenwart zu feiern, wir konnten uns ihm nicht so ganz nahen: daß er uns lieb gewonnen hätte, wie Werther das Plätzchen am Brunnen, wollten ihm also entfernt huldigen, wie Werther Lotten, da er sich auf die Terrasse warf, die Arme nach ihrem weißen Kleid ausstreckte – und es verschwand. Wie wir Abends zu Haus kamen, war er bei Böhmers und bei uns gewesen. Da ging ein Wehklagen an.

Jedermann ist zufrieden mit ihm. Und alle unsre schnurgerechten Herren Professoren sind dahin gebracht, den Verfasser des Werther für einen soliden hochachtungswürdigen Mann zu halten.

Göttingen, den 8. März 1789
... Es wird mir schwer, von hier zu gehn, das leugne ich nicht, Göttingen ist eine Stadt, von der im Allgemeinen nicht viel tröstliches zu sagen ist, allein in keiner von so geringen Umfang wird man so viel einzelne merkwürdige gescheite Menschen antreffen, und ich konnte diese einzelnen genießen, und brauchte mich an den Ton des Allgemeinen nicht zu binden, wenn ich dafür leiden wollte, was sich nach Weltlauf gebührt. Ich hatte ein bequemes Leben, ich mag aber kein bequemes Leben haben, wenn es nicht ewig dauern kann. Kurz, das Los ist nun geworfen – zwischen Ostern und Pfingsten werde ich abreisen. Was aus unsern Wiedersehn wird, das wissen die Götter! So offen, wie jetzt alles vor meinen Sinnen da liegt, so jeder Möglichkeit unterworfen, verzweifle ich an nichts, ich erwarte aber auch nichts – was mein Wille kann, das wird er – und was die Notwendigkeit fordert, werd ich ihr einräumen, doch niemals mehr ihr geben, als sie wirklich fordert. Es ist mir nicht wahrscheinlich, daß ich Dich nicht bald einmal sehn sollte, und wo und wie und wann es geschieht, wird es uns sehr glücklich machen, und geschäh es noch so spät, nicht weniger wie heute.

Dein Mann, meine liebe Louise, könnte Dich wohl einmal hierher bringen, und es wird ihn für sich selbst nicht gereun. Ich will zwar keinen schönen Geist und Dichter nach Göttingen einladen, wo eine wahre Auswandrung seit kurzen vorgegangen ist, es muß also nicht ihr gelobtes Land sein, wie könnte man das auch da vermuten, wo Wissen allein interessant macht, und sich eine Menge Leute vorbereiten, nicht um interessant zu werden, sondern um zu essen zu haben...

DOROTHEA VON SCHLÖZER

Doktorprüfung Anno 1787

Der Sonnabend, der 25. August, erschien. Zitternd ging ich Abends vor 5 Uhr in des Herrn Decani Haus. Die Herren waren noch nicht alle beisammen, ich ging also so lange unten hin, zu der Frau Hofräthin Michaelis und ihren Demoisellen Töchtern, bis alle versammelt seyn würden. Mein Anzug war ganz weiß Muselmann, recht so wie ihn eine Candidata haben mußte, mit einer weißen Flor-Frisur, und ganz simples Halstuch. Der Friseur hatte seine Sache sehr gut gemacht; meine Mutter setzte mich daher bloß mit Perlen und Rosen auf. Überhaupt war der ganze Anzug wie der einer Braut, mein Vater hatte es so haben wollen.

Ich sah die Herren Facultisten einen nach dem andern ankommen; bey jedem vermehrte sich meine Furcht. Herr Hofrat Gatterer war der letzte; er war noch nicht im Hause, so kam der Herr Decanus und war so gütig, mich selbst abzuholen, welches sonst, wie er scherzte, das Geschäft des Pedellen ist. Sobald ich ins Zimmer trat bekam ich Courage und wartete getrost den Anfang ab. Denn der ganze apparatus war sehr freundlich für eine bange Candidatin.

Es war eine Tafel gedeckt, worauf die einladendsten Kuchen und Confituren standen; zu jeder andern Zeit würden sie es auch für mich gewesen seyn, nur heute nicht. Ein Biscuit stach mir besonders in die Augen, der mit einem sehr schönen Lorbeerkranz gezieret war.

Der Herr Decanus wies mir hierauf meinen Platz an, neben ihm selbst und zur Linken neben Herrn Hofrat Kästner; sonst müssen natürlich die Herren Candidaten ganz unten sitzen.

Wie alles saß, fragte der Herr Decanus bey den Herren herum, was sie für Wein trinken wollten? Er meinte, mir dürfte man keinen anbieten, weil sie sonst für die Holländer möchten gehalten werden, die der Frau Statthalterin eine Pfeife anboten ...

Später prüfte Hofrat Kästner. Doch ehe dieser anfing, war der galante Herr Decanus so ausnehmend gütig gewesen, mir eine Tasse Thee zu bestellen, die mir sehr angenehm war, um neue Kräfte zur Mathematik zu sammeln. Herr Hofrat

Kästner verlangte zuerst die Erklärung eines Stükkes Erz, dann des Gebrauchs des Gruben-Kompasses, was ein Gang sei, von dessen Steigen und Fallen und Streichen, was ein Gang- und Flötz-Gebirge sei, mußte ich ihm beschreiben. Er verlangte ferner, daß ich die ganze Procedur mit dem Erze, von der Grube an, bis es endlich zu münzbarem Metall wird, gehörig beschreiben sollte...

Der Herr Decanus ordinierte zum zweiten Male Thee, der leider so heiß war, daß ich es anfangs nicht anzufangen wußte, ihn herunter zu bringen, denn mein Zögern hätte mir als vorsätzliche Zeit-Verschwendung ausgelegt werden können. Herr Hofrat Feder aber sagte, daß ich wohl den Thee mit Muße austrinken könne, da ich die ganze Zeit über gesprochen hätte wie einer der ein Collegium liest...

Zuletzt kam höhere Mathematik; ich mußte die Aufgabe berechnen, wie groß jede Seite eines Bogens Papier sein müsse, den man so viel mal zusammenlegen kann, als man will und dieser Teil allemal dem Ganzen ähnlich bleibt. Ich rechnete diese Aufgabe zu seiner Zufriedenheit aus und Herr Hofrat Kästner machte mir das Kompliment, daß der Herr Magister B. der doch hier Collegia über die Mathematik las, diese Aufgabe nicht hätte auflösen können, wie er von der Philosophischen Fakultät wäre examiniert worden. Herr Hofrat Meister wollte mir noch mehr geometrische Aufgaben vorgeben, allein Herr Professor Kulenkamp gab ihm einen Wink, daß es schon 1/2 8 Uhr sei, er möchte also aufhören, welches auch sogleich geschah.

Der Herr Decanus war wieder so gütig und führte mich hinunter. Absens wartete ich nun die Entscheidung meines Schicksals ab. Ich blieb nicht lange zwischen Furcht und Hoffnung: der Herr Decanus kam plötzlich wieder, um mich zum zweiten Male herauf zu holen.

Ich mußte mich wieder an meinen vorigen Platz setzen und der Herr Decanus sagte mir, sie hätten einstimmig beschlossen, mir die Würde zu erteilen, die sie selbst trügen. Hierauf wurden die Gläser gefüllt, und sie waren so galant, mir alle förmlich zu gratulieren.

Wer war froher als ich! Herr Hofrat Michaelis mochte es mir wohl am Gesicht ansehen, daß ich mich zu meinem Vater wünschte, um ihm, als dem Urheber meiner literarischen Erziehung die Nachricht vom glücklichen Ausgang dieses für mich ewig interessanten Tages mit innigem Dank zu überbringen.

WILLI FEHSE

Das kleine Entzücken

Sie nannten sie «das Entzücken» oder weil sie so zierlich von Gestalt war, so unschuldig und träumerisch in die Welt blickte und dabei mit der Anmut eines Kindes oft ihr braunes Haargekräusel aus der Stirn schüttelte, «das kleine Entzücken».

Wer diesen Namen erdacht hatte, Hölty, Voß, Miller oder ein anderer aus ihrem schwärmerischen Bund, ließ sich nachher nicht sagen. Es war damit wie bei ihren Gedichten. Sie pflegten sie einander an den Samstagen vorzulesen, an denen sich der Hain versammelte, und dann wurde darüber geurteilt und daran geändert, so daß ihnen «die Freundschaft» immer ihre letzte Form gab, wie sie das ausdrückten. Von der Freundschaft war ihnen auch dieser Name geschenkt worden, und sooft sie ihrer im Gespräch gedachten oder sie als den Lieblingsklang ihres Saitenspiels beschworen, stand ihnen nach der Weise ihrer empfindsamen Zeit «das Herz im Auge».

Das war eine Wendung Höltys, der damals öfter mit Voß von Göttingen nach Münden fuhr, wo Lotte, das kleine Entzücken, lebte. Ihr Vater, der kunstsinnige Konrektor der Mündener Ratsschule, nahm die Jünglinge gern bei sich auf und stellte sie bei Festlichkeiten den Honoratioren und Schönen der Stadt stolz als «Wunderleute» und «Dichter der ersten Größe» vor. Sie tanzten dann wohl Menuett, spielten Quadrille oder saßen an hellen Herbstabenden mit Lotte in der Laube beim Wein, und Hölty las von dem Glück der flötenden Nachtigall, die mit «ihrem Weibchen in einem Neste wohnt, wenn der silberne Mond durch das Gesträuch blickt», oder andere Frühlingslieder und Oden.

Der nüchterne und korrekte Voß, den die Freunde nur ungern bei dem feierlichen Bardennamen des Bundes riefen, sondern lieber nach seiner mecklenburgischen Heimat den «Obotriten» nannten, bemerkte im Schein der Windlaterne, wie sich das blasse Gesicht Höltys mit Röte bedeckte und wie er sich in seiner kranken Haltung straffte, sobald sein Blick dem des Entzückens begegnete. Voß bemerkte es mit einem scheelen Gefühl und obgleich er sich dessen im nächsten Augenblick schämte, begann er danach doch die Hand des Mädchens verstohlen zu streicheln und zu kosen. Lotte duldete das auch, legte aber ihren andern Arm zärtlich um die Schultern Höltys, der nun seine Papiere sinken ließ und eine Weile wehmütig vor sich hinlächelte.

Es stand so mit ihnen, daß beide, Hölty und Voß, das kleine Entzücken liebten. Wem aber ihr Herz gehörte und ob es überhaupt schon jemandem und einem von ihnen gehörte, wußte nicht einmal Lotte in ihrer Unschuld. Die Freunde vermieden es, sich über ihre Empfindungen Klarheit zu verschaffen. Aber eines Abends auf der Heimfahrt nach Göttingen nahm ihre Rede unvermittelt eine hitzige Wendung, als sie auf das Mädchen kam. Zum erstenmal in ihrer Freundschaft maßen sie einander mit harten Blicken und fuhren sich mit harten Worten an, bis sie jäh verstummten und verärgert, der eine nach rechts, der andere nach links, durch die Fenster der Postkutsche in die mondscheindurchflimmerten Wälder zuseiten des Wegs hinausblickten.

Am nächsten Tag taten sie zwar, als wäre nichts geschehen, und kamen sich mit den alten hellen Gesichtern entgegen. Doch sprachen sie kein Wort mehr über Münden. Sogar den Zeitpunkt, an dem sie sich dort aufs neue verabredet hatten, ließen sie unbeachtet verstreichen.

Als aber der Samstag heranrückte, an dem sich der Hain wieder versammeln sollte – nach der Bundesregel war diesmal Millers Stube der Ort –, fanden sie hier statt der Freunde nur den Konrektor und seine Tochter vor.

«Man hat uns eingeladen», meinte der alte Herr in Perücke und Oberrock, indem er sich hinter einer Tafel erhob, auf der Rosen und Levkojen prangten und Gläser und Kelche funkelten. Und ehe Hölty und Voß sich noch von ihrer Überraschung erholen konnten, hatte ihnen das kleine Entzücken bereits zwei Briefe überreicht.

«Es sind die Briefe, die ihr mir neulich geschrieben habt», sagte sie. «Und da der eine dabei geflissentlich nicht von dem andern wußte, muß jetzt jeder sofort, und hier an Ort und Stelle, das Schreiben des Freundes lesen ...» Dabei schüttelte sie ihr braunes Haargekräusel mit einer Gebärde aus der Stirn, die plötzlich wie erwachsen wirkte und keinen Widerspruch duldete.

Was sich aber dann herausstellte, war so, daß Hölty und Voß vor frohem Erschrecken einander zunächst kaum anzusehen wagten. Jeder von ihnen hatte, und oft genug sogar mit den gleichen Worten, dem kleinen Entzücken nicht sich, sondern den Freund gerühmt und um dessentwillen als der unwürdigere Teil auf ihre Liebe verzichtet... Während sich beide nun gegenüberstanden und sich vor lauter Verlegenheit immer wieder auf die Schulter schlugen, weil sie sich nicht in die Arme fallen mochten, öffnete sich die Tür eines Nebengelasses, und Miller, Boie, Hahn und die Grafen Stolberg, die hier anscheinend gewartet hatten, traten lachenden Antlitzes über die Schwelle. Ihre Fröhlichkeit beherrschte sogleich den Raum und machte die Tagung dann zu einem Fest, wie es ihre Runde bisher kaum schöner erlebt haben konnte. Der Konrektor, der sich als Gastgeber erklärte und eine Flasche nach der andern auftischen ließ, mußte in dem Lehnstuhl Platz nehmen, in dem einige Monate zuvor der Schutzpatron des Bundes, Klopstock, der Messias-Dichter, verweilt hatte. Miller ließ jedoch das kleine Entzücken ein über das andere Mal leben. Er verschwor sich hoch und teuer, ihre zierliche Erscheinung in einem Roman zu verherrlichen. Zudem ernannte er sie feierlich zum großen Entzücken und zur Muse des Hains, die weder dem Obotriten noch Haining, wie Höltys Bardenname lautete, allein gehören dürfe.

Die beiden aber saßen in dem fröhlichen Lärm innig nebeneinander. Sie tranken sich zu, das Herz im Auge, und zuweilen drückte Voß dem Freund verstohlen die Hand, wenn sich das blasse Gesicht Höltys verschattete, als hätte ihn, den Kranken, den zarten Sänger der Freundschaft und des Frühlings, bereits in dieser Stunde «der schwarze Flügel des Todes» gestreift.

LUDWIG CHRISTOPH HEINRICH HÖLTY

Ihr Freunde hänget, wann ich gestorben bin

Ihr Freunde hänget, wann ich gestorben bin,
Die kleine Harfe hinter dem Altar auf,
   Wo an der Wand die Totenkränze
     Manches verstorbenen Mädchens schimmern.

Der Küster zeigt dann freundlich dem Reisenden
Die kleine Harfe, rauscht mit dem roten Band,
   Das, an der Harfe festgeschlungen,
     Unter den goldenen Saiten flattert.

Die Mainacht

Wenn der silberne Mond durch die Gesträuche blickt,
Und sein schlummerndes Licht über den Rasen geußt,
   Und die Nachtigall flötet,
     Wandl ich traurig von Busch zu Busch.

Selig preis ich dich dann, flötende Nachtigall,
Weil dein Weibchen mit dir wohnet in einem Nest,
   Ihrem singenden Gatten
     Tausend trauliche Küsse gibt.

Überschattet von Laub, girret ein Taubenpaar
Sein Entzücken mir vor; aber ich wende mich,
  suche dunkle Gesträuche,
    Und die einsame Träne rinnt.

Wann, o lächelndes Bild, welches wie Morgenrot
Durch die Seele mir strahlt, find ich auf Erden
dich?
  Und die einsame Träne
    Bebt mir heißer die Wang herab!

JOHANN WOLFGANG VON GOETHE

Erheiterung bei Tag, Verdruß bei Nacht
(Göttingen 1801)

Durch Bewegung und Zerstreuung auf der Reise, auch wohl wegen unterlassenen Gebrauchs des aufregenden Mineralwassers, gelangt' ich in glücklicher Stimmung nach Göttingen. Ich bezog eine angenehme Wohnung bei dem Instrumentenmacher Krämer an der Allee im ersten Stock. Mein eigentlicher Zweck bei einem längern Aufenthalt daselbst war, die Lücken des historischen Teils der Farbenlehre, deren sich noch manche fühlbar machten, abschließlich auszufüllen. Ich hatte ein

Verzeichnis aller Bücher und Schriften mitgebracht, deren ich bisher nicht habhaft werden können; ich übergab solches dem Herrn Professor Reuß und erfuhr von ihm so wie von allen übrigen Angestellten die entschiedenste Beihilfe. Nicht allein ward mir, was ich aufgezeichnet hatte, vorgelegt, sondern auch gar manches, das mir unbekannt geblieben war, nachgewiesen. Einen großen Teil des Tags vergönnte man mir auf der Bibliothek zuzubringen, viele Werke wurden mir nach Hause gegeben, und so verbracht' ich meine Zeit mit dem größten Nutzen.

Die Gelehrtengeschichte von Göttingen, nach Pütter, studierte ich nun am Orte selbst mit größter Aufmerksamkeit und eigentlichster Teilnahme, ja ich ging die Lektions-Kataloge vom Ursprung der Akademie sorgfältig durch, woraus man denn die Geschichte der Wissenschaften neuerer Zeit gar wohl abnehmen konnte. Sodann beachtete ich vorzüglich die sämtlichen physikalischen Kompendien, nach welchen gelesen worden, in den nach und nach auf einander folgenden Ausgaben, und in solchen besonders das Kapitel von Licht und Farben.

Die übrigen Stunden verbracht' ich sodann in großer Erheiterung. Ich müßte das ganze damals lebende Göttingen nennen, wenn ich alles, was mir an freundlichen Gesellschaften, Mittags- und Abendtafeln, Spaziergängen und Landfahrten zuteil ward, einzeln aufführen wollte. Ich gedenke nur einer angenehmen nach Weende mit Professor Bouterwek zu Oberamtmann Westfeld und einer andern von Hofrat Meiners veranstalteten, wo ein ganz heiterer Tag zuerst auf der Papiermühle, dann in Deppoldshausen, ferner auf der Plesse, wo eine stattliche Restauration bereitet war, in Gesellschaft Professor Fiorillos zugebracht und am Abend auf Mariaspring traulich beschlossen wurde.

Die unermüdliche durchgreifende Belehrung Hofrat Blumenbachs, die mir so viel neue Kenntnis und Aufschluß verlieh, erregte die Leidenschaft meines Sohnes für die Fossilien des Hainbergs. Gar manche Spazierwege wurden dorthin vorgenommen, die häufig vorkommenden Exemplare gierig zusammengesucht, den seltnern emsig nachgespürt. Hierbei ergab sich der merkwürdige Unterschied zweier Charaktere und Tendenzen: indes mein Sohn mit der Leidenschaft eines Sammlers die Vorkommnisse aller Art zusammentrug, hielt Eduard, ein Sohn Blumenbachs, als geborner Militär, sich bloß an die Belemniten und verwendete solche, um einen Sandhaufen als Festung betrachtet mit Palisaden zu umgeben.

Sehr oft besucht' ich Professor Hoffmann, und ward den Kryptogamen, die für mich immer eine unzugängliche Provinz gewesen, näher bekannt. Ich sah bei ihm mit Bewunderung die Erzeugnisse kolossaler Farrenkräuter, die das sonst nur durch

Mikroskope Sichtbare dem gewöhnlichen Tagesblick entgegenführten. Ein gewaltsamer Regenguß überschwemmte den untern Garten, und einige Straßen von Göttingen standen unter Wasser. Hieraus erwuchs uns eine sonderbare Verlegenheit. Zu einem herrlichen, bei Hofrat Martens angestellten Gastmahl sollten wir uns in Portechaisen hinbringen lassen. Ich kam glücklich durch, allein der Freund, mit meinem Sohne zugleich eingeschachtelt, ward den Trägern zu schwer, sie setzten wie bei trocknem Pflaster den Kasten nieder, und die geputzten Insitzenden waren nicht wenig verwundert, den Strom zu ihnen hereindringen zu fühlen.

Auch Professor Seyffer zeigte mir die Instrumente der Sternwarte mit Gefälligkeit umständlich vor. Mehrere bedeutende Fremde, deren man auf frequentierten Universitäten immer als Gäste zu finden pflegt, lernt' ich daselbst kennen, und mit jedem Tag vermehrte sich der Reichtum meines Gewinnes über alles Erwarten. Und so hab' ich denn auch der freundlichen Teilnahme des Professors Sartorius zu gedenken, der in allem und jedem Bedürfen, dergleichen man an fremden Orten mehr oder weniger ausgesetzt ist, mit Rat und Tat fortwährend zur Hand ging, um durch ununterbrochene Geselligkeit die sämtlichen Ereignisse meines dortigen Aufenthaltes zu einem nützlichen und erfreulichen Ganzen zu verflechten.

Auch hatte derselbe in Gesellschaft mit Professor Hugo die Geneigtheit einen Vortrag von mir zu verlangen, und was ich denn eigentlich bei meiner Farbenlehre beabsichtige, näher zu vernehmen. Einem solchen Antrage durft' ich wohl, halb Scherz, halb Ernst, zu eigner Fassung und Übung nachgeben; doch konnte bei meiner noch nicht vollständigen Beherrschung des Gegenstandes dieser Versuch weder mir noch ihnen zur Befriedigung ausschlagen.

So verbracht' ich denn die Zeit so angenehm als nützlich und mußte noch zuletzt gewahr werden, wie gefährlich es sei, sich einer so großen Masse von Gelehrsamkeit zu nähern: denn indem ich, um einzelner in mein Geschäft einschlagender Dissertationen willen, ganze Bände dergleichen akademischer Schriften vor mich legte, so fand ich nebenher allseitig so viel Anlockendes, daß ich bei meiner ohnehin leicht zu erregenden Bestimmbarkeit und Vorkenntnis in vielen Fächern, hier und da hingezogen ward und meine Collectaneen eine bunte Gestalt anzunehmen drohten. Ich faßte mich jedoch bald wieder ins Enge und wußte zur rechten Zeit einen Abschluß zu finden.

Indes ich nun eine Reihe von Tagen nützlich und angenehm, wie es wohl selten geschieht, zubrachte, so erlitt ich dagegen zur Nachtzeit gar manche Unbilden, die im Augenblick höchst verdrießlich und in der Folge lächerlich erscheinen.

Meine schöne und talentvolle Freundin, Dem. Jagemann, hatte kurz vor meiner Ankunft das Publikum auf einen hohen Grad entzückt; Ehemänner gedachten ihrer Vorzüge mit mehr Enthusiasmus als den Frauen lieb war, und gleicherweise sah man eine erregbare Jugend hingerissen; aber mir hatte die Superiorität ihrer Natur- und Kunstgaben ein großes Unheil bereitet. Die Tochter meines Wirtes, Dem. Krämer, hatte von Natur eine recht schöne Stimme, durch Übung eine glückliche Ausbildung derselben erlangt, ihr aber fehlte die Anlage zum Triller, dessen Anmut sie nun von einer fremden Virtuosin in höchster Vollkommenheit gewahr worden; nun schien sie alles Übrige zu vernachlässigen und nahm sich vor, diese Zierde des Gesanges zu erringen. Wie sie es damit die Tage über gehalten, weiß ich nicht zu sagen, aber nachts, eben wenn man sich zu Bette legen wollte, erstieg ihr Eifer den Gipfel: Bis Mitternacht wiederholte sie gewisse kadenzartige Gänge, deren Schluß mit einem Triller gekrönt werden sollte, meistens aber häßlich entstellt, wenigstens ohne Bedeutung, abgeschlossen wurde.

Andern Anlaß zur Verzweiflung gaben ganz entgegengesetzte Töne; eine Hundeschar versammelte sich um das Eckhaus, deren Gebell anhaltend unerträglich war. Sie zu verscheuchen, griff man nach dem ersten besten Werfbaren, und da flog denn manches Ammonshorn des Hainberges, von meinem Sohne mühsam herbeigetragen, gegen die unwillkommenen Ruhestörer, und gewöhnlich umsonst. Denn wenn wir alle verscheucht glaubten, bellt' es immerfort, bis wir endlich entdeckten, daß über unsern Häuptern sich ein großer Hund des Hauses am Fenster aufrecht gestellt seine Kameraden durch Erwiderung hervorrief.

Aber dies war noch nicht genug: aus tiefem Schlafe weckte mich der ungeheure Ton eines Hornes, als wenn es mir zwischen die Bettvorhänge hineinbliese. Ein Nachtwächter unter meinem Fenster verrichtete sein Amt auf seinem Posten, und ich war doppelt und dreifach unglücklich, als seine Pflichtgenossen an allen Ecken der auf die Allee führenden Straßen antworteten, um durch erschreckende Töne uns zu beweisen, daß sie für die Sicherheit unserer Ruhe besorgt seien. Nun erwachte die krankhafte Reizbarkeit, und es blieb mir nichts übrig, als mit der Polizei in Unterhandlung zu treten, welche die besondere Gefälligkeit hatte, erst eins, dann mehrere dieser Hörner um des wunderlichen Fremden willen zum Schweigen zu bringen.

Belehrt, froh und dankbar reiste ich den 14. August von Göttingen ab.

HEINRICH HEINE

«Berühmt durch ihre Würste und Universität...»

Die Stadt Göttingen, berühmt durch ihre Würste und Universität, gehört dem Könige von Hannover und enthält 999 Feuerstellen; diverse Kirchen, eine Entbindungsanstalt, eine Sternwarte, einen Karzer, eine Bibliothek und einen Ratskeller, wo das Bier sehr gut ist. Der vorbeifließende Bach heißt «die Leine» und dient des Sommers zum Baden; das Wasser ist sehr kalt und an einigen Orten so breit, daß Lüder wirklich einen großen Anlauf nehmen mußte, als er hinübersprang. Die Stadt selbst ist schön und gefällt einem am besten, wenn man sie mit dem Rücken ansieht. Sie muß schon sehr lange stehen; denn ich erinnere mich, als ich vor fünf Jahren dort immatrikuliert und bald darauf konsiliiert wurde, hatte sie schon dasselbe graue, altkluge Ansehen und war schon vollständig eingerichtet mit Schnurren, Pudeln, Dissertationen, *Thé dansants*, Wäscherinnen, Kompendien, Taubenbraten, Guelfenorden, Promotionskutschen, Pfeifenköpfen, Hofräten, Justizräten, Relegationsräten, Profaxen und anderen Faxen. Einige behaupten sogar, die Stadt sei zur Zeit der Völkerwanderung erbaut worden, jeder deutsche Stamm habe damals ein ungebundenes Exemplar seiner Mitglieder darin zurückgelassen, und davon stammten all die Vandalen, Friesen, Schwaben, Teutonen, Sachsen, Thüringer usw., die noch heutzutage in Göttingen, hordenweis und geschieden durch Farben der Mützen und der Pfeifenquäste, über die Weender Straße einherziehen, auf den blutigen Walstätten der Rasenmühle, des Ritschenkrugs und Bovdens sich ewig untereinander herumschlagen, in Sitten und Gebräuchen noch immer wie zur Zeit der Völkerwanderung dahinleben und teils durch ihre Duces, welche Haupthähne heißen, teils durch ihr uraltes Gesetzbuch, welches Komment heißt und in den *legibus barbarorum* eine Stelle verdient, regiert werden.

Im allgemeinen werden die Bewohner Göttingens eingeteilt in Studenten, Professoren, Philister und Vieh, welche vier Stände doch nichts weniger als streng geschieden sind. Der Viehstand ist der bedeutendste. Die Namen aller Studenten und aller ordentlichen und unordentlichen Professoren hier herzuzählen, wäre zu weitläufig; auch sind mir in diesem Augenblick nicht alle Studentennamen im Gedächtnisse, und unter den Professoren sind manche, die noch gar keinen Namen haben. Die Zahl der Göttinger Philister muß sehr groß sein, wie Sand, oder besser gesagt, wie Kot am Meer; wahrlich, wenn ich sie des Morgens, mit ihren schmutzigen Gesichtern und weißen Rechnungen, vor den Pforten des akademischen Gerichtes aufgepflanzt sah, so mochte ich kaum begreifen, wie Gott nur so viel Lumpenpack erschaffen konnte.

Ausführlicheres über die Stadt Göttingen läßt sich sehr bequem nachlesen in der Topographie derselben von K. F. H. Marx. Obzwar ich gegen den Verfasser, der mein Arzt war und mir viel Liebes erzeigte, die heiligsten Verpflichtungen hege, so kann ich doch sein Werk nicht unbedingt empfehlen, und ich muß tadeln, daß er jener falschen Meinung, als hätten die Göttingerinnen allzu große Füße, nicht streng genug widerspricht. Ja, ich habe mich sogar seit Jahr und Tag mit einer ernsten Widerlegung dieser Meinung beschäftigt, ich habe deshalb vergleichende Anatomie gehört, die seltensten Werke auf der Bibliothek exzerpiert, auf der Weender Straße stundenlang die Füße der vorübergehenden Damen studiert, und in der grundgelehrten Abhandlung, so die Resultate dieser Studien enthalten wird, spreche ich 1. von den Füßen überhaupt, 2. von den Füßen bei den Alten, 3. von den Füßen der Elefanten, 4. von den Füßen der Göttingerinnen, 5. stelle ich alles zusammen, was über diese Füße auf Ullrichs Garten schon gesagt worden, 6. betrachte ich diese Füße in ihrem Zusammenhang und verbreite mich bei dieser Gelegenheit auch über Waden, Knie usw., und endlich 7., wenn ich nur so großes Papier auftreiben kann, füge ich noch hinzu einige

Kupfertafeln mit dem Faksimile göttingischer Damenfüße.

Es war noch sehr früh, als ich Göttingen verließ, und der gelehrte** lag gewiß noch im Bette und träumte wie gewöhnlich: er wandle in einem schönen Garten, auf dessen Beeten lauter weiße, mit Zitaten beschriebene Papierchen wachsen, die im Sonnenlichte lieblich glänzen, und von denen er hier und da mehrere pflückt und mühsam in ein neues Beet verpflanzt, während die Nachtigallen mit ihren süßesten Tönen sein altes Herz erfreuen.

Vor dem Weender Tore begegneten mir zwei eingeborene kleine Schulknaben, wovon der eine zum andern sagte: «Mit dem Theodor will ich gar nicht mehr umgehen, er ist ein Lumpenkerl, denn gestern wußte er nicht mal, wie der Genitiv von *Mensa* heißt.» So unbedeutend diese Worte klingen, so muß ich sie doch wiedererzählen, ja, ich möchte sie als Stadtmotto gleich auf das Tor schreiben lassen; denn die Jungen piepen, wie die Alten pfeifen, und jene Worte bezeichnen ganz den engen, trocknen Notizenstolz der hochgelehrten Georgia Augusta.

Auf der Chaussee wehte frische Morgenluft, und die Vögel sangen gar freudig, und auch mir wurde allmählich wieder frisch und freudig zumute. Eine solche Erquickung tat not. Ich war die letzte Zeit nicht aus dem Pandektenstall herausgekommen, römische Kasuisten hatten mir den

Geist wie mit einem grauen Spinnweb überzogen, mein Herz war wie eingeklemmt zwischen den eisernen Paragraphen selbstsüchtiger Rechtssysteme, beständig klang es mir noch in den Ohren wie «Tribonian, Justinian, Hermogenian und Dummerjan», und ein zärtliches Liebespaar, das unter einem Baume saß, hielt ich gar für eine Korpusjurisausgabe mit verschlungenen Händen. Auf der Landstraße fing es an, lebendig zu werden. Milchmädchen zogen vorüber; auch Eseltreiber mit ihren grauen Zöglingen. Hinter Weende begegneten mir der Schäfer und Doris. Dieses ist nicht das idyllische Paar, wovon Geßner singt, sondern es sind wohlbestallte Universitätspedelle, die wachsam aufpassen müssen, daß sich keine Studenten in Bovden duellieren, und daß keine neuen Ideen, die noch immer einige Dezennien vor Göttingen Quarantäne halten müssen, von einem spekulierenden Privatdozenten eingeschmuggelt werden. Schäfer grüßte mich sehr kollegialisch; denn er ist ebenfalls Schriftsteller und hat meiner in seinen halbjährigen Schriften oft erwähnt; wie er mich denn auch außerdem oft zitiert hat und, wenn er mich nicht zu Hause fand, immer so gütig war, die Zitation mit Kreide auf meine Stubentür zu schreiben. Dann und wann rollte auch ein Einspänner vorüber, wohlbepackt mit Studenten, die für die Ferienzeit oder auch für immer wegreisten. In solch einer Universitätsstadt ist ein beständiges

Kommen und Abgehen, alle drei Jahre findet man dort eine neue Studentengeneration, das ist ein ewiger Menschenstrom, wo eine Semesterwelle die andere fortdrängt, und nur die alten Professoren bleiben stehen in dieser allgemeinen Bewegung, unerschütterlich fest, gleich den Pyramiden Ägyptens – nur daß in diesen Universitätspyramiden keine Weisheit verborgen ist.

Aus den Myrtenlauben bei Rauschenwasser sah ich zwei hoffnungsvolle Jünglinge hervorreiten. Ein Weibsbild, das dort sein horizontales Handwerk treibt, gab ihnen bis auf die Landstraße das Geleit, klätschelte mit geübter Hand die mageren Schenkel der Pferde, lachte laut auf, als der eine Reiter ihr hinten, auf die breite Spontaneität einige Galanterien mit der Peitsche überlangte, und schob sich alsdann gen Bovden. Die Jünglinge aber jagten nach Nörten, und johlten gar geistreich, und sangen gar lieblich das Rossinische Lied: «Trink Bier, liebe, liebe Liese!» Diese Töne hörte ich noch lange in der Ferne; doch die holden Sänger selbst verlor ich bald völlig aus dem Gesichte, sintemal sie ihre Pferde, die im Grunde einen deutsch langsamen Charakter zu haben schienen, gar entsetzlich anspornten und vorwärtspeitschten. Nirgends wird die Pferdeschinderei stärker getrieben als in Göttingen, und oft, wenn ich sah, wie solch eine schweißtriefende, lahme Kracke für das bißchen Lebensfutter von unsern

Rauschenwasserrittern abgequält ward oder wohl gar einen ganzen Wagen voll Studenten fortziehen mußte, so dachte ich auch: «O du armes Tier, gewiß haben deine Voreltern im Paradiese verbotenen Hafer gefressen!»

Im Wirtshause zu Nörten traf ich die beiden Jünglinge wieder. Der eine verzehrte einen Heringsalat, und der andere unterhielt sich mit der gelbledernen Magd, Fusia Canina, auch Trittvogel genannt. Er sagte ihr einige Anständigkeiten, und am Ende wurden sie handgemein. Um meinen Ranzen zu erleichtern, nahm ich die eingepackten blauen Hosen, die in geschichtlicher Hinsicht sehr merkwürdig sind, wieder heraus und schenkte sie dem kleinen Kellner, den man Kolibri nennt. Die Bussenia, die alte Wirtin, brachte mir unterdessen ein Butterbrot und beklagte sich, daß ich sie jetzt so selten besuche: denn sie liebt mich sehr.

Hinter Nörten stand die Sonne hoch und glänzend am Himmel. Sie meinte es recht ehrlich mit mir und erwärmte mein Haupt, daß alle unreifen Gedanken darin zur Vollreife kamen. Die liebe Wirtshaussonne in Northeim ist auch nicht zu verachten; ich kehrte hier ein und fand das Mittagessen schon fertig. Alle Gerichte waren schmackhaft zubereitet und wollten mir besser behagen, als die abgeschmackten akademischen Gerichte, die salzlosen, ledernen Stockfische mit ihrem alten Kohl, die mir in Göttingen vorgesetzt wurden.

Nachdem ich meinen Magen etwas beschwichtigt hatte, bemerkte ich in derselben Wirtsstube einen Herrn mit zwei Damen, die im Begriff waren abzureisen. Dieser Herr war ganz grün gekleidet, trug sogar eine grüne Brille, die auf seine rote Kupfernase einen Schein wie Grünspan warf, und sah aus, wie der König Nebukadnezar in seinen spätern Jahren ausgesehen hat, als er, der Sage nach, gleich einem Tiere des Waldes, nichts als Salat aß. Der Grüne wünschte, daß ich ihm ein Hotel in Göttingen empfehlen möchte, und ich riet ihm, dort von dem ersten besten Studenten das Hotel de Brühbach zu erfragen. Die eine Dame war die Frau Gemahlin, eine gar große, weitläufige Dame, ein rotes Quadratmeilen-Gesicht mit Grübchen in den Wangen, die wie Spucknäpfe für Liebesgötter aussahen, ein langfleischig herabhängendes Unterkinn, das eine schlechte Fortsetzung des Gesichtes zu sein schien, und ein hochaufgestapelter Busen, der mit steifen Spitzen und vielzackig festonierten Krägen, wie mit Türmchen und Bastionen umbaut war, und einer Festung glich, die gewiß ebensowenig wie jene anderen Festungen, von denen Philipp von Mazedonien spricht, einem mit Gold beladenen Esel widerstehen würde. Die andere Dame, die Frau Schwester, bildete ganz den Gegensatz der eben beschriebenen. Stammte jene von Pharaos fetten Kühen, so stammte diese von den magern. Das Gesicht nur ein Mund zwischen zwei

Ohren, die Brust trostlos öde, wie die Lüneburger Heide; die ganze ausgekochte Gestalt glich einem Freitisch für arme Theologen. Beide Damen fragten mich zu gleicher Zeit: ob im Hotel de Brühbach auch ordentliche Leute logierten. Ich bejahte es mit gutem Gewissen, und als das holde Kleeblatt abfuhr, grüßte ich nochmals zum Fenster hinaus. Der Sonnenwirt lächelte gar schlau und mochte wohl wissen, daß der Karzer von den Studenten in Göttingen Hotel de Brühbach genannt wird.

Hinter Northeim wird es schon gebirgig, und hier und da treten schöne Anhöhen hervor. Auf dem Wege traf ich meistens Krämer, die nach der Braunschweiger Messe zogen, auch einen Schwarm Frauenzimmer, deren jede ein großes, fast häuserhohes, mit weißem Leinen überzogenes Behältnis auf dem Rücken trug. Darin saßen allerlei eingefangene Singvögel, die beständig piepsten und zwitscherten, während ihre Trägerinnen lustig dahinhüpften und schwatzten. Mir kam es gar närrisch vor, wie so ein Vogel den andern zu Markte trägt.

EDUARD WEDEKIND

Über den Umgang mit Heine
(Aus dem Tagebuch eines Göttinger Studenten)

Sonntag, 20. Juni 1824.
Heine hat doch erfahren, daß ich mich mit Dichten abgebe. Wir wollten heute ausfahren; als ich deshalb nach seinem Hause kam, zeigte er mir eine neue Zeitschrift, *Agrippina*, die von einigen seiner Freunde herausgegeben würde und wofür fast alle seine Freunde Beiträge lieferten. «Auch Sie», sagte er, «will ich bitten, mir Beiträge dafür zu geben.» Ich fragte ihn, wie er auf die Idee käme; ich hätte nichts beizutragen. «Haben Sie nichts Poetisches?» – Nein. – «Auch keine prosaischen Aufsätze?» – Nein. – «Ach, so sagen Sie es doch nur geradeheraus, ich kann das gar nicht leiden, wenn jemand so züchtig tut.» – Heine will nächstens, wenn er gut gestimmt wäre, sagte er, zu mir kommen, da soll ich ihm etwas vorlesen. Ich tue es teils gern, teils ungern; gern, weil er mir gewiß unumwunden sein Urteil sagen wird, ungern, weil fast jeder Mensch, und besonders wer schon etwas hat drucken lassen, das Ungedruckte bei einem andern nicht gehörig würdigt. Über die erbetenen Beiträge habe ich mich noch nicht erklärt, werde ihm aber keine geben, weil ich mit einem Male auf-

stehn will. Ich bin der Meinung, daß man viel dadurch gewinnt, wenn man das Publikum überrascht.

In Heine seiner Stube sieht es höchst unordentlich aus; das Bett steht mit auf der Stube, obgleich er eine sehr gute Kammer hat, und Bücher, Journale, alles liegt auf den Tischen herum, bunt durcheinander. Ich sagte ihm, daß ich einen Teniers herbringen würde, es abzumalen.

Wir fuhren darauf nach Mariaspring und abends noch nach der Landwehr: Heine, Mertens, Schwietring und ich, auch blieben wir, als wir wiederkamen, noch bis 10 Uhr zusammen bei Mertens. Ich gewinne Heine immer lieber, es ist ein ganz charmanter Kerl. In vielem stimmen wir überein, in vielem weichen wir ganz voneinander ab, und dann gibt es immer sehr interesssante Erörterungen. Wir sprachen heute viel von der Liebe in der Poesie. Er gibt der physischen vor der platonischen den Vorzug, ich nicht; wir vereinigten uns aber bald, weil wir eigentlich derselben Meinung waren und nur die Ausdrücke verschiedenartig nahmen. Platonische Liebe hält er für Hypersentimentalität, und die sinnliche Liebe nahm ich für bloß tierischen Trieb. Wir vereinigten uns leicht dahin, daß die irdische Liebe in veredelter Gestalt, so daß sie gleich weit entfernt ist von der tierischen wie von der himmlischen, für die Poesie die vorteilhafteste wäre. – Einer Dame, die, um ihn in Verlegenheit zu setzen, Heine gefragt hat: «Sie lieben wohl platonisch?» hat er geantwortet: «Ja, gnädige Frau, wie der Kosakenhetmann Platow.» – «Da war sie aber balleriert», setzte er gutmütig hinzu.

Wir kamen auf Goethes *Faust* zu sprechen. «Ich denke auch einen zu schreiben», sagte er, «nicht um mit Goethe zu rivalisieren, nein, jeder Mensch sollte einen *Faust* schreiben.» – «Da möchte ich Ihnen wenigstens raten, es nicht drucken zu lassen», sagte ich; «dann wird es gewiß eine gute Übung sein. Wenn Sie es drucken ließen, würde das Publikum – –.» – «Ach, hören Sie», unterbrach er mich, «an das Publikum muß man sich gar nicht kehren; alles was es über mich gesagt hat, habe ich immer nur so nebenher von andern erfahren.» – «Da bin ich», sagte ich, «insofern Ihrer Meinung, daß man sich nicht durch das Publikum irre machen lassen muß, auch muß man nicht nach seiner Gunst haschen, nur muß man es nicht gegen sich einnehmen wollen, um ihm ein unbefangenes Urteil zu lassen, und Sie würden es gewiß einigermaßen gegen sich einnehmen, wenn Sie einen *Faust* schrieben. Das Publikum würde Sie für arrogant halten; es würde Ihnen eine Eigenschaft unterlegen, die Sie gar nicht besitzen.» – «Nun, so wähle ich einen andern Titel.»

Montag, 21. Juni 1824.

Abends ging ich zum Ulrich; ich traf Heine dort wieder und nahm ihn von da mit nach meinem Hause. Er bat mich, ihm etwas von meinen Sachen vorzuzeigen. Ich las ihm einiges vor, obgleich nicht das Beste; das geht mir immer so; wenn ich jemandem etwas von meinen Sachen vorlesen soll, weiß ich nie eine gute Auswahl zu treffen. Indessen war doch unter dem, was ich Heine vorlas, manches mit unter, was ich für sehr gut hielt. Aber das Höchste, was Heine sagte, war: «Das ist recht gut; aber», fügte er dann in der Regel hinzu, «Sie müssen konziser sein.» Das sagte er namentlich bei der Ballade «Donna Clara». «Sie müssen da nicht sagen», bemerkte er, «daß sie zu ihrem Vater hingeht und dort spricht, sondern Sie müssen sie unmittelbar zum Vater sprechen lassen und dann hinzufügen: So sprach Donna Clara zu ihrem Vater.» – Im ganzen, glaube ich, hat Heine keine gute Idee von meiner Poesie bekommen. *«Sie werden gewiß eine herrliche Prosa schreiben»*, sagte er mir, «der Verstand ist bei Ihnen durchaus vorherrschend; haben Sie etwas Prosaisches fertig?» – «Nein», war meine Antwort. – «O, so schreiben Sie doch Erzählungen.» Ich sagte ihm meine Idee zu dem Roman, der in der Gegend von Osnabrück spielen soll; sie gefiel ihm. – Meine Gedichte hat Heine mir ganz verleidet; ich bin nie eitel darauf gewesen und glaubte sie daher nicht zu überschätzen, aber ich habe sie doch für etwas besser gehalten, als Heine tat und ich jetzt selbst tun muß. Wenn es nicht einer romantischen Nachäfferei ähnlich sähe, so würde ich sie jetzt alle miteinander ins Feuer werfen; sie kommen mir jetzt alle entsetzlich fade vor. Manches verwarf Heine indessen nicht ganz. «Sie werden nie durchschlagen mit Ihren Gedichten», sagte er mir, «aber es gibt eine gewisse Klasse Personen, die sehr groß ist, der Sie einen klaren dauernden Genuß verschaffen werden.»

Ich kann unendlich viel von Heine lernen und habe schon viel von ihm gelernt. Wenn Schlüter noch hier wäre, ein Jahr meines Lebens gäbe ich drum. – Das verdroß mich ein wenig, daß Heine, obgleich *er mich* gebeten hatte, ihm etwas vorzulesen, doch eben nicht sehr aufmerksam dabei schien. Ich glaube nicht, daß ein inniges Freundschaftsverhältnis zwischen uns entstehen wird, aber äußerst interessant und lehrreich ist sein Umgang für mich. – Jetzt, da er mich näher kennt, fängt er an, mehr von seinen eignen Sachen mit mir zu sprechen; ich lasse ihn dabei. Von meinen Gedichten habe ich eigentlich nur wenig mit ihm gesprochen, aber für ihn, wie ich bemerkt zu haben glaube, doch schon vielleicht zu viel.

Er erzählte mir dann viel von einem jüngern Bruder, der ein Jahr jünger wie ich und auch ein Dichter wäre; er sprach mit vieler Wärme von ihm. – Meine Uhr, die auf dem Tische lag, bat Heine mich wegzulegen; er könne das Ticken nicht vertragen, sagte er. – Goethes *Werther*, den er noch nicht gelesen hat, wollte er anfangs mitnehmen, legte ihn aber nachher wieder hin, weil er fürchtete, das Buch möchte ihn jetzt zu sehr anregen.

Als Heine weg war, hielt ich ein Gericht über meine Gedichte, und da ich sie aus dem angegebenen Grunde nicht verbrennen wollte, strich ich wenigstens die meisten durch; auch diejenigen von meinen Liedern, besonders Abendliedern, die ich die praktischen nennen möchte, weil sie ein Gleichnis und eine Nutzanwendung sind. Ich war schon lange bei mir uneins, ob das wohl rechte Poesie sei; Heine sagte mir gleich: «Die taugen nicht.»

Zu Karl sagte ich noch heute Abend, daß ich meine Gedichte gar nicht mehr leiden möchte. «Nun», antwortete er, «wenn Heine auch sagt, daß sie nicht viel taugen, so können sie darum doch ganz gut sein.» Ich widersprach ihm aber.

Dienstag, 22. Juni 1824, traf ich Heine wieder auf dem Ulrich, sprach aber wenig mit ihm; er war heute außerordentlich angegriffen. Ich sagte ihm nur, daß er ein rechter Mephistopheles wäre und mir meine Gedichte ganz verleidet hätte. «Wieso?» fragte er, «dann haben Sie mich ganz falsch verstanden –.» – «Das nicht», war meine Antwort, «aber ich habe mich jetzt selbst verstanden.»

Ich glaube fast, daß ich meine Bekanntschaft mit Heine nicht so auf einmal zu weit treiben darf; es muß nach und nach kommen.

Donnerstag, 24. Juni 1824.
Um in der Diplomatik doch etwas zu lernen, habe ich mit einem, der sie auch hört, die Nachmittagsstunde von 3–4 Uhr bestimmt, Montags, Donnerstags und Freitags, wo wir uns üben wollen, Urkunden zu lesen. Professor Tychsen hat jedem seiner Zuhörer die Kupfer zur *Alsatia diplomatica* [von Schöpflin] mitgegeben; diese lesen wir und haben heute damit den Anfang gemacht. Es geht recht gut. Die Diplomatik ist so ganz schwer nicht und interessiert mich jetzt schon.

Abends ging ich wieder zum Ulrich; der Hunger treibt mich jetzt alle Tage hin. Heine war auch wieder dort, und Grüter mit dem jungen Oesterley, bei dem er im Hause wohnt. Grüter hatte mir schon lange von dem schönen Klavierspiel des jungen Oesterley erzählt, sowie auch Siemens, der ebenfalls heute bei uns war, und nun veranstaltete es Grüter so, daß Oesterley mit uns nach meinem Hause ging, wo er auf Karls Flügel uns bis 11 Uhr etwas vorspielte. Ich muß sagen, ich habe selten jemand besser spielen hören, einen Dilettanten nie. Auch gefällt mir seine Persönlichkeit sehr wohl. Heine war diesen Abend außerordentlich ausgelassen. «Sie haben wohl nicht geglaubt, daß ich lachen könnte!» sagte er zu mir. – Ich nannte ihn jetzt immer Mephistopheles. Es ist wahr, seitdem ich ihm Gedichte von mir vorgelesen habe, habe ich noch keine wieder gemacht, und gerade vorher fast alle Abende. Es ist mir aber sehr lieb, daß ich durch Heine veranlaßt worden bin, meine bisherigen Produkte zu verachten; die Hoffnung, einst einmal etwas Tüchtiges zu leisten, hat er mir doch nicht genommen. Sollte ich nur imstande sein, etwas Mittelmäßiges zu leisten, so wollte ich lieber gar nichts tun. Meine größte Hoffnung beruht jetzt noch auf dem Trauerspiel, zunächst *Abälard*; ich glaube, daß ich dafür am besten passe. In wissenschaftlicher Hinsicht trage ich mich jetzt hauptsächlich mit der Lehre vom Staat herum. – Berühmt muß ich werden, und zwar durch Schriften; sonst wird mir dies nicht allein mißlingen, sondern ich werde dann auch gar nichts der Welt nützen, denn ich gehöre zu denjenigen Menschen, die immer beobachten und theoretisieren und darüber die Praxis und die Anwendung dessen, was sie erfahren haben, im Leben versäumen. Für solche Leute ist es Beruf zu schreiben, damit ihre Kenntnisse nicht verlorengehen. Kann ich mich aber nicht über eine miserable Mittelmäßigkeit erheben, so will ich doch nichts schreiben, denn dann ist auch nichts daran gelegen, ob meine

Kenntnisse verlorengehen. Freude aber werde ich dann nie haben, und die reifern Jahre, wenn sie die Hoffnungen, die jetzt meine Seele erheben, nicht in Erfüllung gehen sehen, werden im Gefühle ihrer Unbedeutendheit erdrückt werden, und dann mag meinetwegen eine Kugel ihren trägen Lauf beschleunigen.

Was übrigens der Heine für Ideen hat! Heute sagte er mir: «Byrons Tod hat mich sehr erschüttert, ich ging mit ihm um, wie mit einem Spießgesellen. Shakespeare dagegen kommt mir vor wie ein Staatsminister, der mich, etwa einen Hofrat, jede Stunde absetzen könnte.» – Neulich sagte er mir: «Ich werde nächstens meine Geliebte besingen, so idealistisch wie ich nur kann, werde sie aber immerfort Sie nennen.»

RODERICH SCHMIDT

*Johannes Brahms und Agathe von Siebold –
Eine Göttinger Liebesgeschichte*

In Göttingen herrschte um die Mitte des vorigen Jahrhunderts ein reiches musikalisches Leben. Johannes Brahms, Joseph Joachim und Clara Schumann waren häufig zu Gast in dieser kleinen Stadt.

Für Joachim und Brahms begann hier im Jahre
1853 eine lebenslange Freundschaft. Julius Otto
Grimm, ein Freund von Brahms aus gemeinsam
verbrachter Leipziger Zeit, übersiedelte 1855 nach
Göttingen, in der Hoffnung, die freigewordene
Stelle als Akademischer Musikdirektor zu erhalten. Als sich dies zerschlug, gab er Gesangstunden, leitete ein Liebhaberorchester und gründete
einen Chor. Im Sommer 1858 lud er Brahms nach
Göttingen ein, um mit ihm zu musizieren, und
schreibt unter anderem: «Macht es Dir Vergnügen
ein paar gute Stimmen (die in sehr lieben Mädchen
beherbergt sind) singen zu lassen, so stehen sie
ebenfalls mit Freuden zu Gebot.»

Brahms nahm die Einladung an und reiste zum
«Göttinger Kongreß», wie die Freunde diese sommerlichen Treffen nannten. Clara Schumann war
mit ihren Kindern schon anwesend, nur Joachim
fehlte noch. Brahms verbrachte in den Monaten
August und September eine unbeschwerte Ferienzeit im Kreise dieser Freunde. Eine herzliche Zuneigung empfand er zu einem der «sehr lieben
Mädchen», zu Agathe von Siebold, der Tochter
des berühmten Gynäkologen Eduard von Siebold.

Agathe, mit Witz und Temperament und einer
schönen Sopranstimme begabt, war eine Gesangsschülerin von Julius Otto Grimm. Bei ihm musizierten sie Lieder von Schubert, Schumann, Mendelssohn und natürlich von Brahms selbst. Er

komponierte eigens für sie einige Lieder u. a. «Der Kuß» auf einen Text des Göttinger Hainbunddichters Hölty. Aus der Zuneigung wurde Liebe. Bei Ausflügen in die schöne Göttinger Umgebung bot sich Gelegenheit, zu zweit ein wenig hinter der Gesellschaft zurückzubleiben. Ja, als der «Göttinger Kongreß» eine vergnügte Kutschfahrt zu den Gleichen unternahm, legte Johannes auf der Rückfahrt freundschaftlich den Arm über Agathes Schulter. Clara Schumann spürte diese aufkeimende Liebe, wurde darüber eifersüchtig und reiste mit ihren Kindern am nächsten Tage unvermittelt ab. Dafür traf Freund Joachim einige Tage später in Göttingen ein. Er musizierte mit Brahms; Grimm und natürlich Agathe von Siebold waren immer dabei. Doch die Abschiedsstunde nahte. Brahms mußte am 1. Oktober seinen dreimonatigen Dienst am Detmolder Hof antreten.

Nun begann ein reger Briefwechsel zwischen Agathe und Johannes. Häufig lagen Lieder für Agathe den Briefen bei. Leider ist dieser Briefwechsel nicht erhalten. Nur in einigen Briefen an Julius Otto Grimm ist etwas von der verliebten Sprachlosigkeit des Komponisten zu spüren. Das Beste gab er in seinen Liedern.

Anfang Januar 1859 weilte Brahms wieder in Göttingen, um sein d-Moll Klavierkonzert op. 15 zu üben, das er am 22. Januar in Hannover unter

Joachim uraufführen sollte. Die freie Zeit gehörte Agathe. Er steckte ihr heimlich einen Verlobungsring zu und trug seinen ebenfalls. Nun war vor aller Augen sichtbar, daß Johannes und Agathe zusammengehören wollten.

Aber Brahms mußte abreisen, um sein Klavierkonzert zuerst in Hannover mit einigem Erfolg, dann in Leipzig mit großem Mißerfolg aufzuführen. Inzwischen mahnte Julius Otto Grimm seinen Freund Brahms, er müsse, bevor er wieder nach Göttingen komme, seine Heiratsabsicht deutlich erklären. Das sei seine Pflicht gegenüber einem solch ehrbaren Mädchen und die Göttinger Gesellschaft rede auch schon allerlei.

Die Antwort von Brahms kam und ist uns durch Agathes Aufzeichnung überliefert: «Ich liebe Dich! Ich muß Dich wiedersehn! Aber Fesseln tragen kann ich nicht! Schreibe mir, ob ich wiederkommen soll, Dich in meine Arme zu schließen, Dich zu küssen, Dir zu sagen, daß ich Dich liebe!» Eine solche Antwort und ein derartiges Ansinnen waren in der Mitte des 19. Jahrhunderts für ein Mädchen dieser gesellschaftlichen Stellung unannehmbar. Sie mußte schweren Herzens den Absagebrief schreiben. Im Alter notierte Agathe Schütte, geb. von Siebold, einige Erinnerungen für ihre Kinder. Dort heißt es: «Da kämpfte das Mädchen einen harten Kampf, den schwersten ihres Lebens, die Liebe wollte ihn um jeden Preis halten, komme was da wolle, die Pflicht, die Ehre gebot zu entsagen, und die Pflicht und die Ehre siegten. Das Mädchen schrieb den Scheidebrief und weinte, weinte jahrelang über ihr gestorbenes Glück.»

Brahms' spätere Äußerungen über diese Liebe sind widersprüchlich. In sein Herz hat keiner gesehen. Aber seine Lieder und das zweite Streichsextett G-Dur op. 36, in dem er 1864 den Namen Agathe in Noten umsetzte und von dem er später sagte: «Da habe ich mich von meiner letzten Liebe losgemacht», zeugen von der leidenschaftlichen Liebe, die er für Agathe empfand.

ERNST HONIG

Das Chänse-Essen

Ne chute chebratene Chans is 'ne chute Chabe Chottes! Das iß unser Chöttingenschr Wahrspruch, un wenn se uns auch so mankedurch dermit euben wollen, aber wahr iß es doch! Szag mich Einer, daß de Chänse dumme Thiere ßind! Konnten se das schönder einrichten, als daß se ßo umme Martendag rum, wo alle Kejel- und Chänse-Essens ßind, daß se da chrade fett sind? Un weil wir in unseren chuten Chöttingen ßo chroße Stücke halten auf die Chänse, deshalb hat auch der Marestrat das Chänsedenkmal auf den Brunnenplatz stellen lassen. Un eijentlich hätte das Chänselieschen da mit 'nen Chänsebraten auf ner Schüssel stehen müssen.

Doch was ich ßaren wollte: Unser Kejelklub «Haalt deck an de Latten» wollte nu auch ßein Chänseessen abhalten, un da passirte mich nu ne Cheschichte, ich kann heute noch nich bechreifen, daß man an einem Dage so viele Pech haben kann.

Wie nämlich vor en paar Jahren die verschiedenen Döhre ßich um's Tehater rissen, un de Bahnerdöhrs es doch wechschnappten da waren de Chronerdöhrs höllschen fünsch, un de andern Bürjern in der Stadt auch. Deshalb wollt' ich'r auch charnich reinchehn un hatte mah ne Chänsebraten derumme verwettet. Wie chesagt, for mich chiebt es einfach nichts Chroßartigeres als ne orndlichen Chänsebraten. Wie's Tehater nu awer fertig iß un Alle laufen derhin un machen 'ne Läwedage, wo schön daß es da oben iß, bin ich als früherer Wolkenschieber aus dem alten Tehater denn doch niefeddern, chehe rein, oben auf'n Olümp natürlich, un was war ze dhune? Von meinen Kejelbrüderen ßahn mich welche, un ich konnte man's Portemannäh aufduhn von wäjen der Wette – un wir verabreden uns auf ne Szonnabend nach der Landwehr.

Meiner Lowise ßag ich natürlich kein Sterbenswörtchen dervon, un chrade den Mittag kocht se ßaure Kloäwechen, ach un wo dellekat! ßonst duhe ich mich da immer eklich was anne zu Ghute. Heute wollt' ich mich doch auf n' Abend 'n Appetit nich verderben! un ßare, ich wäre nich ordnlich «zerechte». Umme halb neune ßoll de Cheschichte los chehn, un ich mache, mich nu beizeiten auf de Szocken. Es war ßon musselijes Wetter, un en Matsch auf der Straße un vor'n Dohre, daß m' kaum derdurch kommen konnte. Meine Lowise muckirt ßich natürlich: «Heute Mittag biste nich auf'n Damme, un 'n chanzen Dag das Chekrüche mit deinen Husten un denn wi'ste in ßo'n Schmadderwetter raus? Wi'st dich woll noch Reismatismuß holen?» Se hätte man wissen sollen, daß ich nach Cheismer wollte, se dachte man blos nach der Börse.

Ich also los. Wie'ch hinkomme ist natürlich noch keiner da, un ich chehe deshalb in de Chaststube. Szieh! da ßitzt ja er Krischan Piepenär. No, alter Freund un Kupferstecher, ßage ich, wo kommst du denn hier her? Ich ßetze mich un drunk en ne kleinen Lippentriller, un wir klönen üwer düt un jönt, no, was ßo alte Viehlister indräßiren duht: un er Krischan ressenirt über de ßogenannten Armen! da ßollte man doch reinewech doll werden. Allerhand Packasche, die in'n Dorfe nicht arbeiten un buben will, zochelt nach der Stadt rein, schlaren sich 2 Jahre mit Achen und

Krachen durch, womöglich unterstützt se de
Dorf-Chemeinde noch, froh, daß se die Prachers[1]
los wird; nachher sind se hier heimatberechtigt un
ßaren denn zur Armenkasse: «Hier habt'r uns!»
Ja, ßage ich, noch döller iß, daß weche die che-
schleiert un mit Handschen in Mariehüpp un allen
Konzerten ze ßehn ßind, daß die von der Armenkasse als «verschämte Arme» 's Cheld in's Haus
chebracht kriegen! «Ja, un machen ßich ne chuten
Dag derfor un wir Börjers möttet et betahlen!»

Wie 'ch nach der Uhr kucke, iß es Neune. – Nu
duh mich einer ne Chefallen, noch keiner da! Ich
raus nach'n Wirte, ob denn noch keiner chekom-
men wäre? «Es wäre überhaupt gar kein Essen
hier!» sagt der. – Was? Ich denke mich ßoll ne
Affe... Auf der Landwehr wäre heute Abend
eins. «Richtig! Donnerwetter, ja, ich Döskopp!
Wie komme ich denn man blos auch auf Cheismer?» Ich nu awer los auf den Koppelwege nach
der Landwehr, un ne Schmacht[2] hatt'ch jetze auf'n
Balge, daß mich der Magen man so knurrte, un ich
hätte können ne Menschen anfallen. Unterwäjens
fängt es nu an zu challern, daß ich man hätte mein
Schirm ze Hause lassen ßollen. Un was for en
Dreck auf den Wäje! Un stäkedüster! Wie 'ch nu
ßo de drockensten Stellen suche, chlitsche ich auf
eimah aus un kopsowerndower in ne Chraben und

---

[1] Bettler. [2] Hunger.

mit den Händen in ne Sumpf, daß ich bis an de
Ellbogen naß werde. Ach, du Allemächtiger; Das
iß ne schöne Bescheerung, wo ist denn nu mein
Hut? Ich ßuche un ßuche – er iß weg; un der
Räjen läuft mich man ßo in'n Cheßichte un an'n
Halse runter, un an mein Schirm ßind die Stangen
chanz kaput, daß es an der einen Seite die Fittchen
hängen läßt. Kein Streichholz bei mich – mein Hut
nicht zu finden. No, denke ich, wie'ch lange je-
nuch in'n Düstern rumjechrawwelt hatte, denn
laß'n zum Deuwele sein, und mache mich ne Tim-
pelmütze aus meinen Taschenduche, daß ich man
was auf'n Koppe hatte.

Ich laufe nu ßo schnell es in den Drecke un der
Dunkelheit möglich iß; ich bin ßowießo immer en
bischen pachig. Zuletzt kam ich chanz außer Pust.
Inden awer kriej'ch ne Knupps an de Nase, daß
ich denke, ich soll in de Luft fahren un de Funken
flogen mich aus de Aurens; – stand da ßo'n ver-
fluchtiger Rübenwagen auf'n Wege! No, denk ich
schließlich, es iß nichts ßo schlimm, es iß wo chut
derfor, un ich krieche nu derunter, um wenigstens
ne Aurenblick in'n Drockenen zu ßein, un wische
mich de Nassigkeit von'n Halse un Cheßichte.
Meine Nase schrinnte nich schlecht! Auf eimah –
Duhnerwetter merk' ich, wo ich ßitze, no, ich
konnte awer unter den Wagen rauskommen. – Ne
Punschtonne lag daraufe Futekan!

Ich tapfe nu weiter, der Weg will char nich alle

werden. Endlich nach 'ner kleinen Ewigkeit komm? kommt de Scherßee! Wie'ch mich nu ne kurze Zeit unter'ne Baume verpustet habe, dreibt mich awer der Hunger weiter.

Richtig waren se auf der Landwehr oben rechts – na ßo was! Ah – un en Chänsebratencheruch, wie'ch zum Hause reinkomme – formost! – Der ßoll mich awerst schmecken nach ßo'ner Tuhr, denk' ich, wie'ch mich en bißchen zurecht mache, – es ßoll doch keiner merken, wo'ch chewesen bin, ßonst lachen se einen noch was aus! – Ich trete nu rein, da chab es natürlich en chroßen Halloh, «Szültenbürjer, alter Szejelär, wo bleibste denn ßolange?» «Hawe jetze keine Zeit», ßage ich, «alles nachher erzählen; nu awer erstemah Chänsebraten her, hawe ne höllischen Apptiht!» «Chänsebraten? – ja – da mußteste eher kommen, der is rattenkahl alle – es is jetze halb zehne – !» «Macht keine faule Witze», ßare ich. «No, denn kuck hier, da ßind de beiden Cherippe davon!» (De Hunde hatten se chrade in der Mache.) «Awer Compötter un Szallat kannste noch» – – Mich wurde schwarz vor den Auren. – «Wir dachten, Du kämest nich, weil De Dich um's Bezahlen drücken wolltest, un denn – wer nicht kümmt ter rechten Tid, dä iß ßiner Mahltid quzitt!» – heißt es doch!» «Was?», ßag ich, «ßeht'r mich vor ßo'ne Schrappenpüster, ßo'ne Knuftloäker an? Szo chnatzig bin ich noch lange nich, awer jetze – ßagte mah, Aschoff, –

habt'r den würklich char keinen Chänsebraten
mehr?» «Nich ne Happen!» «No, was denn?»
«Kalbsbraten, Schinken, Mettwurst, Schweizerkäse!» Ach du! – Also darumme heute Mittag de
ßauren Kloäwechen stehnlassen, verkehrt nach
Cheismar, den Weg hierher, mit de Hände in'n
Chraben chetreten, mein Hut, mein Schirm, un ne
blauroten Knupps an der Nase – alles for en Butterbrod – hätt ich doch meiner Lowise chehört!
Un de Andern waren fein mit'n Ohnebusse rauschefahren, von wegen den schlechten Wetter.

Ich kam erst wieder recht zu Queeke, wie'ch
das drockene Stücke runter chemümmelt, un ne
Rest Steinhäjer aus der Pulle auschepülwert hatte.
En Faß «Städtisches» hatten w'r in der Ecke stehen, un da ßuckelten wer nu, bis daß wer ßo chanz
nüdlich ne kleinen in Timpen hatten. Nu wurde's
auch recht chemütlich. Der Kleine mit'n Wimmerholz, er Stoltenfit und Andere drugen allerhand
Kinkerlitschen und Kattentöge vor. Wir sungen
denn auch de Lindenenwirtin und ßowas (was
awer nichts for de Verheirateten is). Un zuletzt
auch: «Morjen chehts nach Oberrau, Schummermachei!» un da machten se denn nu Verse, un
wollten mich anöden:

Marten, Marten-Chänsebraten,
Er Schorse muß in'n Drecke waten.

Wo wußten diese Eichels das nu schon wieder her?

> Der Chänsebraten war ßo nett,
> Er Szültenbürger kricht ne Dreck.
> Hei Schorse dä kann Flott elicken,
> Hei kricht man blos de Appelstücken.

Das war mich nu awer zu viele! «Mach doch auch ne Vers, Szültenbürjer!» «Worumme denn nich?» No ja also

> Morgen chets nach Oberrau –
> Schummermachei, Schummermachei.
> Rosen-Tulpen-Lilijenstengel,
> Hoh, diese Rutschparthie,
> Ihr ßeid alle lähe[1] Bengels.

Formost, Szültenbürger, formost, rufen se nu Alle, ärjern dahten se ßich doch!

Auf'n Nachhausewege haben wir uns eincheklunken un torkeln ßo chanz chemüthlich nach der Stadt zu. Selbstverständlich werden wer von en paar Stedenten angeulkt, un eh'ch mich verßehe, hat mich auch schonst Einer auf'n Hut chehaut, daß ich bis üwer de Ohren drinneßitze. «Na, ßo'ne Chemeinheit von ßo'ne dummen Bengels, Luseangels», rufe ich, «Mappenjungens, Stipen-

[1] spottlustig.

dienbrüdere! S'iß doch wehrhaftig chroßartig!»
Man chut, daß es en cheborgter Hut is un neu war
er auch nich mehr.

In der «Börse» war schon zu; Einen zum Abchewöhnen müssen wer doch noch drinken, und ßo kommen wer denn nach'n «Hofjäger». In der Redefreiheitecke ßitzen die chanzen Jägers un sprechen nu ßo lateinisch, daß de chanze Stube blau dervon wurde. Alle Aurenblicke halten se den Arm an de Backe un – Bemm, Bemm! machen se vor, wie se das halwe Dutzend Hühner oder die Dublette cheschossen haben. Kömmt man in de Nähe, tritt man den Hunden auf de Flossen, un wird denn noch anjebelwert. Zu ne Schafskopp war es doch ze späte, da macht me ßich bald dünne. Der miserabeligte Weg von Cheismar hat mich doch höllschen marode jemacht, ich chehe lieber nach Muttern.

Ich bin nu auch bald vor'n Hause und fummele in der Tasche nach'n Hausknochen. Auf einmal – äh – faß ich in was Weiches – haben mich diese Schweinepuckels ne Tute mit Appelmus in de Tasche chesteckt, die iß chanz durchcheweicht un alles ein Matsch. Nu jetze merk' ich denn auch, das ich ne verkehrten Üwerzieher anne habe un keinen Schlüssel drinne. Donderwetter, was nu! Wenn ich kleppere, hört keiner – nach vorneraus schläft keiner; es bleibt mich nichts anderes übrig, als durch die Kellerklappe.

Alßo ich hebe nu de Kellerklappe in de Höhe, un will chrade runter steigen, auf eimah – ich denke, ich krieje en Schlag, – packt mich wer in'n Kragen – «Haltema! wo woll'n Se da hin?» «Was cheht denn Szie das an», ßage ich, «ich will in mein Haus.» «Szo? – na denn haben Se ja ne ßonderbare Hausdür. Sie scheinen mich da was Anderes im Schilde zu führen, machen se ßich e ma lejitihm!» No, der kam mich aber cherade recht! – «Szo», sage ich, «hören se ma, Herr Nachtrat, ich heiße Szültenbürjer, wenn se mich nich kennen duhn un Szie haben ja woll das Revier hier? No denn kümmern se ßich umme andere Szachen, zum Beispiel, wenn de Stedenten un andere junge Bengels ne Schandal machen un an de Läden runter ritschen, daß me nich schlafen kann, un laufen se nich weg, wenn ßowas los iß! Aber will en ehrßamer Börjer in ßein Haus, denn habense Korrasche un woll'n ne in die Schaarwache bringen!» – No, er mochte woll merken, daß er an'n Verkehrten cheraten war, un schob ab, un ich verschwund in'n Kellere.

De Treppe war von den nassen Wetter ßo chlippich chewonden, daß ich die Blanzierunge verliere un auf meinen Allerwertesten bis unten hin rutsche. Das war der erste Akt. – Wie'ch mich nu wieder hoch rappele, hawich chanz de Richtunge verloren (Streichhölzer hatt'ch ja nich), un fammele mich ßo weiter. Auf e'mah bumms – hawich

mit'n Fuße wo chejen jestoßen, un richtig wie'ch
zu fühle, da schwimmen mich de Churken schon
um de Füße, und der ßaure Kohlpott iß auch um-
mechefallen. Jetze wußt'ch wenigstens wo'ch war;
also dahin! – den Deuvel auch – jetze bin ich ins
Kattoffellager cheraten, näh, ßowas, wenn 'me
kein Licht hat! Chott nein, ßo'ne Kröppelei! wo
bin ich denn jetze? Bald ßollt' ich es chewahr werden, ich fühle nach der Treppe, die nach der Diele
raufcheht, klingeling, – fall'n mich en paar Heile-
beerflaschen entchejen – ach du Chrundchütiger!
ich chlaube, ich habe was in's Cheßichte che-
kricht. Endlich find' ech de Dielklappe un höhre,
un böhre – ja Fleitjepipen – der alten Doppschen
ihr Kinderwagen, wo se alles inne einholt, steht
deraufe. Ich böhre noch en paar Mah un denke,
daß er runtertruhlen ßoll. De Doppsche, die unten
wohnt, hat was chehört, kommt raus mit'n Lichte,
ßieht nu wene an der Kellerklappe un fängt aus
Leibeskräften an zu bölken: Hülpe, Diewe! Es
chanze Haus läuft natürlich zußammen, un wie'ch
wieder böhre, haut mich einer auf de Fingerdöppe,
daß das Fell chleich drannerumhängt. Das war
mich doch zeviele! «Lowise, ich bin es ja», fange
ich nu an zu chrölen. Endlich nimmt einer den
Wagen wech un macht auf. De Frauensleute, die
alle in Unterrocken rumstanden, fangen laut an zu
juchen: «Umme Himmelswillen, Schorse, wie
kommste denn da rein? Ach! un wie ßiehste aus!»

Wie ßoll ich ausßehen? Wie Puffer und Heilebeeren wahrscheinlich! Ohne en Wort weiter zu ßaren, chingen wer nach oben. Ne Chardinenpredigt chab es heute nich – der Schrecken war meiner Lowise in de Zunge chefahren.

MANFRED HAUSMANN

Göttinger Träume und Klänge

Wenn ich die Hand vor die Augen halte und an Göttingen denke, an die Stadt, in der ich die Tage und Nächte meiner Kindheit verbracht habe, beginnen sogleich Klänge heraufzuwehen, Menschen und Landschaften durcheinanderzuwogen, Begebnisse vorüberzuziehen, willkürlich in der Abfolge, verblaßt in den Farben, verwischt in den Umrissen und im ganzen ein wenig traurig wie manche Träume, von denen man, während sie geschehen, weiß, daß sie keine Wirklichkeit haben, und die man doch klopfenden Herzens weiterzuträumen begehrt.

Ein tiefer Akkord ertönt, löst sich in Einzelstimmen auf, die zurückweichen, durchsichtig werden, einen Augenblick die Süße von Engelsstimmen gewinnen, dann aber, sich verdunkelnd und näher kommend, zu herber Kraft anschwellen und plötzlich abbrechen: in der Johanniskirche registriert der weißbärtige Organist ein Choralvorspiel. Es ist Donnerstagabend. Auf der Empore brennen ein paar Lichter, unten im Schiff herrscht Finsternis. Nur wenige Menschen wissen um das Orgelspiel zu dieser Stunde, das allwöchentlich Bach geweiht ist. Aber die wenigen sind getreu. Einige sitzen neben der Orgel, Alte und Junge, andere unten im Unsichtbaren. Leise fällt eine Tür zu, jemand tastet sich zwischen den Bankreihen hin. Dann wird es still. Und unversehens beginnt die Orgel ihren Gesang, das Vorspiel zu «Wachet auf, ruft uns die Stimme». An einer bestimmten Stelle hebt der geheimnisvolle Cantus firmus in der Tiefe zu rufen an, immer wieder von unruhigen Tonwellen überflutet, aber immer wieder unbeirrbar rufend und vordringend, bis er die Herrschaft errungen hat und in dröhnendem Triumph verhallt. Schweigen. Jemand flüstert. Ein neues Notenheft wird aufgestellt. Und dann wie ein inbrünstiges Gebet, wie ein verzweifelter Aufschrei und wie ein getröstetes Zurücksinken: eine Phantasia. Eine Fuge dann, eine Toccata und zum Schluß abermals ein Choralvorspiel: «In mir ist Freude.»

Draußen geht mit allerlei Geräuschen das Treiben und Hasten der Welt weiter. Der Schein der Straßenbeleuchtung sickert durch die hohen Fenster. Aber hier in der Dämmerung des Kirchenschiffes hat ein Mensch die Zeit aufgehoben und in Lobgesang verwandelt.

Eines Februarmorgens ist aus der Leine ein gelblich-grauer Urstrom geworden. Die Rosdorfer Brücke stemmt sich ihm entgegen, bewirkt aber nur, daß seine Gewalt stadtwärts gelenkt wird. Er schießt gurgelnd durch Gärten und Vorstadtstraßen. Hier unterwühlt er einen Baum, stürzt ihn nieder und brandet über ihn hinweg, dort hebt er einen Bretterstall hoch und wirft ihn gegen einen Gartenzaun, hier führt er Buschwerk mit sich, dort Balken und dort eine tote Kuh. Er steigt und steigt. Schon ist die Marienkirche vom Wasser umspült. In der Neustadt müssen sich die Menschen aus den unteren Räumen ihrer Häuser in die oberen Stockwerke retten. In der Papendiek, in der Groner Straße, in der Bürgerstraße, in der Prinzenstraße, überall dringt die Flut vor. Durch andere Straßenzüge, durch die Allee, durch die Obere und Untere Maschstraße tosen die Wassermassen wie durch Gebirgsschluchten. An den Ecken bilden sich schräge Stauwellen. Die Wirbel kreisen in offene Haustüren hinein und ziehen allerlei Geräte heraus, die schaukelnd und sich drehend dahingleiten, eine Waschbütte, einen Schirmständer, ein Eierbrett...

Dort, wo die von Grone kommende Landstraße

die Königsallee aufnimmt, steht ein zwölfjähriger Junge neben dem alten Zolleinnehmerhäuschen mit dem vorspringenden Dach und blickt gebannt über die Wassermassen hin, die sich unablässig vorbeiwälzen. Gleich werden sie die hölzerne Straßenbrücke verschlingen. Die Menschen, die in der Nähe stehen, sind voller Sorge, ob das altersschwache Gebälk dem Andrang wird standhalten können. Aber der Junge denkt anders. Irgend etwas in ihm, über das er nicht Herr ist, weiß sich mit der entfesselten Naturgewalt im Bunde. Wieder fühlt er, wie neulich bei der großen Feuersbrunst, diese dunkle Freude über das vernichtende Brausen des Elements, wieder erfüllt ihn diese sinnlose, wilde Hoffnung, es werde völlig siegen. Er ballt die Hände in seinen Manteltaschen und geht noch einige Schritte näher an das Unheimliche und doch so Lockende heran. Sein kleines Herz ahnt den Rausch des Untergangs, die rätselvolle Süße des Überwältigtwerdens durch etwas Ungeheueres. Es ahnt und hofft und klopft. Aber die Brücke von Menschenhand behauptet sich.

An der rechten Seite des Stadttheaters ist eine Tür, die erst kurz vor Beginn der Aufführung geöffnet wird. Dann jagen die Kunstbegeisterten die Treppen hinauf. Es gilt, auf dem «Olymp», dem dritten Rang, die wenigen Sitzplätze zu erobern, die hier vorhanden sind. Hinter der Bretterbrüstung zieht sich eine einzige Bankreihe hin, mehr nicht. Die meisten Besucher des «Olymp» müssen stehen. Aber sitzend oder stehend – sie leben, zitternd und tief atmend, die düster aufglühenden Leidenschaften und die musikumrauschten Träume mit, die tief unten im erleuchteten Bühnengeviert geschehen: Strindbergs «Ostern», Shakespeares «Was ihr wollt», Wagners «Lohengrin», Goethes «Faust», Humperdincks «Königskinder», Lienhards «Wieland der Schmied». Und wenn die Szene sich geschlossen hat und die Pause beginnt, weicht der Zauber noch nicht. Da flimmert der Kronleuchter unter der Decke in seiner gläsernen Pracht, da ist das Guckloch im Vorhang, durch das zuweilen ein gramvolles Auge späht, der wirre Klang aus dem Orchester beim Stimmen der Instrumente, der schwüle Geruch von Plüsch, Parfüm und Staub, der emporsteigt. Und nun hebt sich der Vorhang wieder, ein kühler Luftzug weht von der Bühne herauf, mit inniger Wehmut beginnt eine Schauspielerin Verse von Shakespeare zu sagen. Sie heißt Margit Hellberg. Es wird totenstill im Haus.

Auf dem kleinen Hagen ist eine Flugmaschine gelandet, ein Grade-Eindecker. Halb Göttingen wandert hinaus. Es verlautet, der Pilot werde einige Schauflüge vorführen. Man sollte es kaum glauben, ein Gestell aus Holz und Leinwand, das imstande ist, sich mitsamt einem Menschen vom Boden zu erheben! Aber zunächst scheint der Motor nicht in Ordnung zu sein. Die Zuschauer müssen Geduld haben. Endlich pufft und dröhnt es, der Propeller wirbelt herum, der Pilot mit Sportmütze und Autobrille nimmt schnell auf einem winzigen Sitz zwischen den Rädern Platz und ergreift eine Stange, die von oben herunterhängt. Da setzt sich die Maschine auch schon in Bewegung, wird schneller, hüpft, hüpft noch einmal und hebt sich wirklich und wahrhaftig von der Erde ab, einen Meter, zwei Meter, drei Meter. Nach etwa dreißig Sekunden setzt der Motor aus, die Maschine neigt sich, berührt die Erde, rollt und steht. Begeistert strömt die Menschenmenge hinterher. Der Pilot steigt aus und steht mit ernstem Gesicht und umgeschnallten Ledergamaschen da, ein Pionier, ein Mann der Zukunft, ein Held.

In der ganzen Stadt gibt es nur dies eine Institut. Sein Name ist «Eden-Theater». Ein kleiner, langgestreckter Raum, matterleuchtet, ungelüftet, schäbig, aber voller Wunder. Ein Fräulein tritt herein und sprüht etwas Wohlgeruch und Erfrischung in die taube Luft. Es klingelt. Die Beleuchtung erlischt bis auf das Lämpchen über dem Klavier. Man erkennt eine üppige Dame, die sich gegen das Notenheft vorbeugt. Sie trällert das wehmütige Vorspiel zu «Norma». Mit einem Male wird eine silbrige Fläche hell, ein Titel erscheint, ruckt hin und her und bleibt. Er verheißt eine Tragödie in sieben Akten mit Asta Nielsen in der Hauptrolle. «Für Jugendliche verboten.» Die Jugendlichen auf dem dritten Platz freuen sich, daß sie dennoch vorhanden sind. Die Tragödie nimmt ihren Lauf. Langsam legt Asta Nielsen den sündigen Kopf zurück. Was für eine Künstlerin! Die umschatteten Augen verschwimmen vor Liebe, die geschminkten Lippen öffnen sich schmerzlich und formen ein Wort, formen es noch einmal, aber kein Laut ertönt. Dennoch wissen alle, was sie meint. Eine Frau schluchzt auf, ein Sitz knarrt. Die Klavierspielerin ergeht sich jetzt auf einem Harmonium. Viele weinen. Auch einige von den Jugendlichen, die eigentlich noch nicht alt genug sind, um so viel Großstadttragik von Rechts und Polizei wegen mitansehen zu dürfen. Schließlich erscheint das Wort ENDE auf der Leinwand. Das Fräulein macht Licht, schlägt einen Vorhang zurück und erklärt auf das bestimmteste, die Billetts von Nummer 507 bis 621 seien abgelaufen. «Bitte den Saal verlassen!» Aber zwei oder drei begabten Jugendlichen gelingt es trotzdem, sich in die zweite Vorstellung hinüberzuschmuggeln, unersättlich wie sie sind.

Die Neue Maschwiese im Winter. Eine künstliche Eisfläche für Schlittschuhläufer. Tagsüber blauer

Himmel und gleißende Januarsonne, abends elektrische Bogenlampen. Am Eingang ein tannenumstellter Bretterbelag mit Bänken und vermummten Männern. Dort werden die Schlittschuhe angeschnallt. Drei unbeholfene Schritte auf den Brettern, dann ein vorsichtiger Schwung, und dann geht es bogenschneidend über die weißgraue Bahn. Das stählerne Schlürfen, das Rufen und Lachen, das stäubende Bremsen vor dem Verkaufsstand der alten Bonbontante... In einer Ecke übt ein Kunstläufer seine Achten. In der anderen bringt eine Kette von verwegenen Halbwüchsigen die gesitteten Läufer in Verwirrung. Aber sonst herrscht viel weltmännisches Gebaren da und dort. Die Schüler und Backfische glauben zu wissen, was sich ziemt. «Gestatten gnädiges Fräulein, daß wir zusammen laufen?» Nickende Augenwimpern, Seligkeit, bebende Hände über Kreuz. Wenn sie doch nur einmal hinfallen wollte, daß man sie aufheben und umfassen könnte! Ob man versucht, ein wenig nachzuhelfen?

Einmal hat indessen auch das holdeste Glück ein Ende. «Gestatten gnädiges Fräulein, daß ich gnädiges Fräulein nach Hause bringe?» – «Ich weiß nicht recht. Eigentlich wollte ich ja mit meiner Freundin... Aber ich sehe sie nirgends.» Der Rückweg führt durch die Eisenbahnunterführung. Dort ist es stockdunkel.

Eine große blaßgelbe Kugel wächst am Sonntagmorgen aus dem Gewirr der Baumkronen heraus. Und nun löst sie sich von der Erde ab und schwebt empor: ein Luftballon mit einer Gondel. Die Insassen schütten Ballast aus. Der Sand stürzt in langen Bahnen herab. Der Ballon steigt und steigt und treibt über die Stadt hin. In den Straßen bleiben die Menschen stehen und schauen ihm nach. Langsam dreht er sich um sich selbst. Eine Fahne in den Göttinger Stadtfarben hängt unbeweglich von der Kugel herab. Jetzt mag er etwa über dem Jacobikirchturm sein... jetzt über dem Kreuzberg... jetzt über Nikolausberg. «O nein, er ist schon viel weiter.» – «Aber erlauben Sie, er ist noch lange nicht über Nikolausberg. Sie fallen einer perspektivischen Täuschung zum Opfer.» – Wie dem auch sei, er heißt «Segler». Die echten Göttinger sprechen es wie «Szegelär» aus.

Kann man in der Dämmerung des Aprilabends etwas Schöneres unternehmen als einen Gang über die Wälle rund um die Stadt? Die Luft streicht lau und leise durch das knospende Geäst der Linden. In den Gärten am Fuß des Mauerwerks blühen Forsythienbögen, Schneeglöckchen, blaue Anemonen und zart leuchtende Mandelbäumchen. Von Zeit zu Zeit flötet golden und weich eine Amsel. Irgendwo singen Kinder einen Ringelreihen. Nun zeigen sich die ersten Sterne. Über das moosige Mühlrad gegenüber dem Bismarckhäuschen schäumt das Wasser des Leinekanals. Es tut so gut, dort zu stehen und auf das Glitzern und Triefen zu starren und seinen Gedanken nachzuhängen. An einer anderen Stelle blickt man auf den Schwanenteich hinab, auf das schwarze Oval mit den still dahinziehenden Märchenvögeln.

Auf einer Bank in der Nähe der alten Kaserne sitzt ein Soldat und hat sein Mädchen im Arm. Er lehnt sich zurück und pfeift behutsam ein Lied aus seinem Dorf mit Trillern und Vorschlägen, und das Mädchen fällt dann und wann mit verdeckter Stimme ein. Um neun Uhr ertönt der Glockenschlag der Marienkirche über die Dächer und Giebel. In der Ferne schlägt eine zweite Uhr, eine dritte, eine vierte. Sie läuten eine Weile durcheinander, dann schweigen sie. Beim Gerichtsgebäude strömt der Fluß unter dem Wall hindurch. Ein wenig oberhalb rauscht das Wehr. Da ist auch eine steinerne Bogenbrücke. Über die Mauer der Reitbahn, über Zäune und Lauben neigen sich Syringenzweige. Eine Straßenlaterne verbreitet ihr spärliches Licht, ein Fenster wird hell, ein Mädchenkopf beugt sich vor. Es geht fast so verträumt zu wie in einer Erzählung von Eichendorff. Nicht einmal das Tuten des Nachtwächters fehlt. Allstündlich hallt es vom Johanniskirchturm über die ruhende Stadt, nach Osten und Westen, nach Norden und Süden.

PETER BAMM

Untere Karspüle Numero 13

In Göttingen, alte Stätte der Gelehrsamkeit, gab es zu jener Zeit [1919] zwei Caféhäuser. Das eine, «Cron & Lanz», frequentierten wir tagsüber. Am Abend saßen wir im «Café National». Bei «Cron & Lanz» regierte Oberkellner Brüller. Im «Café National» stand ein Billiard. Es waren die Marmortische in diesen beiden Caféhäusern, an denen wir die Zweifel ins Auge faßten, ihre Facetten aufblitzen ließen, sie erbittert diskutierten. Es waren die Turnierplätze eines Zynismus, der Zukunft hatte. Eine einzige Banalität, eine einzige Phrase, ein einziges Klischee, und man war für den Rest des Abends das Opfer unerbittlichen Spottes. Die Runde war getragen von Satzungen, die niemals genau definiert wurden. Man gehörte dazu, oder man gehörte nicht dazu. Skeptische Geister wurden angezogen. Corpsstudenten fanden sich nur schwer zurecht. Weltanschauungen waren dialektischen Belastungen ausgesetzt, denen ihre Vertreter gewöhnlich nicht gewachsen waren. Es ließ sich eben nicht verbindlich beweisen, daß es keine Engel gebe. Das Ambiente dieser Welt war die mathematische Aura der Georgia Augusta. Sie erlaubte nicht, sich unpräzis auszudrücken. Der imaginäre Großmeister der Loge war Georg Christoph Lichtenberg.

Göttingen war damals eine kleine Stadt voller Gelehrsamkeit, voller Klatsch, voller Behagen. Unter den Eingeborenen, die sich um die Universität scharten, gab es noch viele Bauern. Sie sprachen das feine Hochdeutsch des alten Königreichs Hannover, in dem die Großväter das Licht der Welt erblickt hatten. Es gab Straßen, in denen jedes Haus ein Fachwerkbau aus dem 18. oder sogar aus dem 17. Jahrhundert war. 1737 wurde die Universität gegründet. Daß der Gründer ein Earl of Cambridge war, mag als glückbringende Patenschaft betrachtet werden. Die Tradition der Universität Cambridge geht bis ins 13. Jahrhundert zurück. Der Earl of Cambridge war als Georg II. King of Great Britain and Ireland, als Georg August Kurfürst von Hannover. Während Göttingen vergessen hat, wem es seine Universitas litterarum verdankt, rühmt die Encyclopaedia Britannica diesem Gentleman noch heute nach, daß seine Gründung das Tor geöffnet habe, durch welches nachmals englische politische Ideen in Deutschland eingedrungen seien.

Ein Jahrhundert später, anno 1837, erhoben sieben Professoren der Georgia Augusta gegen König Ernst August den Vorwurf, die Verfassung gebrochen zu haben. Der König von Hannover stieß sie von ihren Lehrstühlen. Den Historiker Dahlmann und die Brüder Grimm jagte er aus dem Lande. Andere Fürsten, unter ihnen die Könige von Sachsen und von Preußen, nahmen die Vertriebenen auf. Eine Generation später gab es kein Königreich Hannover mehr. Am zweihundertsten Geburtstag der Georgia Augusta hatte Verfassung aufgehört, ein Problem zu sein.

Ich wohnte in der Unteren Karspüle Numero 13. In derselben Gasse hatte, einige Häuser weiter zum Stadtwall hin, hundert Jahre vorher ein Student namens Schopenhauer Quartier genommen. Über Göttingen und seine Hohe Schule sagte er später einmal: «Es ist die würdigste, vielleicht die erste Universität der Welt.»

Neben dem Hauseingang lag das Zimmer, in dem die Witwe Maaß wohnte. Durch den Flur gelangte man auf einen kleinen, mit Ziegelsteinen gepflasterten Hof, in dem eine Eule traurig in ihrem Käfig hockte. Wie gern hätten wir sie nach Athen getragen! Über Frau Maaß hatte das Haus noch zwei Stockwerke mit je zwei Räumen, in denen Studenten hausten. Schon vom ersten Stockwerk aus hatte man einen Blick auf den von einer Mauer umschlossenen Garten der Pfarrei auf der anderen Seite der Gasse. Junge Medizin und alte Frömmigkeit wohnten einander gegenüber. Am Samstag konnte ich, vom Lehrbuch der Anatomie aufblickend, den Herrn Pfarrer beobachten, wie er auf schmalen Kieswegen zwischen seinen

Blumenbeeten wandelnd seine Predigt memorierte. Die Petroleumlampe, die Frau Maaß jeden Abend bei beginnender Dämmerung heraufbrachte, verbreitete ein Licht, das schöner war als alles, was danach je an Licht noch erfunden wurde. Dank des morgendlichen Fleißes von Frau Maaß, der Eurykleia der Gelehrsamkeit, blitzte die Lampe vor Sauberkeit. Niemals hat sie auch nur das kleinste bißchen nach Petroleum gerochen. Frau Maaßens Lampen sind wieder in Mode gekommen. Heute kauft man sie sich für teures Geld beim Antiquitätenhändler. Nur gibt es Frau Maaß nicht mehr, die sie zu putzen verstünde...

Den Zelebritäten von heute und morgen servierte Oberkellner Brüller den Kaffee mit Baumkuchen oder die Schokolade mit Kirschtorte und Schlagsahne. Er war eine Autorität, die man sowohl um Rat wie um Kredit bitten konnte. Es war ein ziemlich großes Stück Kreide, mit dem Brüller anschrieb. Das Geld, das Frau Maaß am Monatsende bekam, bestand oft genug aus Trinkgeldern, welche Brüller den Nobelpreisen abgenommen hatte. Auch verstand er sich, wenn die großen Geister sich in immer heftigere Diskussionen verstrickten, auf das feine Kunststück, Baumkuchen zwischen den Argumenten abzuservieren und mit einem unnachahmlichen Lächeln einem Studenten hinzustellen, der kein Mittagessen gehabt hatte. Brüller galt als Autorität auf dem Gebiet akademischer Ehrenfragen. Manch schwere Säbelpartie hat er verhindert. Sein Meisterstück lieferte er, als einmal ein aktiver Bursch eines feudalen Corps seinem Ordinarius, der einem ebenso feudalen Corps als Alter Herr angehörte und ein Semester lang sogar Erster Chargierter gewesen war, eine Forderung auf schwere Säbel schickte. Der Professor hatte dem Studiosus die weitere Teilnahme an seinem Seminar «wegen Faulheit» verweigert. Der Geforderte sah sich einem Dilemma gegenüber. Mit sechzig Jahren ficht man keine schweren Säbelpartien mehr. Und wiederum konnte er, als Corpsphilister und einstiger Senior eines hochwohllöblichen Corps, nicht gut kneifen. Oberkellner Brüller, Sokrates des Ehrensäbels, befand, daß der Ausdruck Faulheit in der Tat nicht ganz frei von einer beleidigenden Nuance sei und daß das Ehrengericht dem Professor vorschlagen solle, den Ausdruck zurückzunehmen. Eine Zurücknahme bei solchen Auseinandersetzungen erfolgte stets «mit dem Ausdruck des Bedauerns». Der Herr Professor erklärte, daß er den Spruch des Ehrengerichts akzeptiere, den Ausdruck Faulheit mit Bedauern zurücknehme, nunmehr jedoch den Studiosus wegen Unfleißes aus seinem Seminar ausschließen müsse. Der «Unfleiß», natürlich, war aus dem Duft eines Kaffees erblüht, den Brüller serviert hatte.

GUNTRAM VESPER

Am Stadtrand, wo ich wohne

Die Stadt liegt unten im Tal und am östlichen Hang. Ihre hundertzwanzigtausend Einwohner leben in der engen Altstadt, im benachbarten, großzügigen Ostviertel, seitab in den Siedlungen des sozialen Wohnungsbaus, in umgrünten Reihenhausvierteln oder in Dörfern, zehn Kilometer draußen im Land. Zu den zwei Warenhäusern, den beiden Theatern, der ausufernden Fußgängerzone und den achtzehn Kriegerdenkmälern, die von Langensalza bis Stalingrad nationale Geschichte spiegeln, kommt das neue Rathaus mit zwanzig Stockwerken, das seinen Schatten schon in die Einkaufsstraßen, über die Türken- und Studentenquartiere wirft.

Es gibt noch Gerüchte. Wenn man auch die Persönlichkeiten, die sie betreffen, nicht in jedem Fall kennt. Die Prominenzzirkel, Cliquen, Klüngel durchdringen einander. In ihnen werden Geschäfte, Karrieren vereinbart. Wer baut das neue Schulzentrum, wer wird Kulturdezernent. Heinrich Heine hat über die Stadt und ihre Bewohner einmal knappe und böse Worte gesagt, in der Harzreise: «Die Stadt..., berühmt durch ihre Würste und Universität, gehört dem Könige von Hannover und enthält 999 Feuerstellen... ist schön und gefällt einem am besten, wenn man sie mit dem Rücken ansieht... Im allgemeinen werden die Bewohner... eingeteilt in Studenten, Professoren, Philister und Vieh, welche vier Stände doch nichts weniger als streng geschieden sind. Der Viehstand ist der bedeutendste.» Weil die Zeiten, die Fassaden gewechselt haben, ist das Zitat zum Bonmot geworden.

Und Bürger, Lichtenberg, die hier gearbeitet und den Namen der Stadt in die Literaturgeschichte geschrieben haben. Beiden ist übel gedankt worden; über den buckligen Lichtenberg haben die Spießer gelacht, Bürger wurde von der besseren Gesellschaft am Ort in Acht und Bann getan. Das alles soll lange her und längst vergessen sein.

Von den zwei Zeitungen aus der Mitte der sechziger Jahre ist nur die Lokalredaktion der einen übriggeblieben, und dem Stadtkern werden die schönen Fachwerkhäuser ausgebrochen wie einem alten Gebiß die mürben Zähne. Jenseits der Wälle soll der Gürtel der vierspurigen Schnellstraße, bisher ein Halbkreis, endlich geschlossen werden, während drinnen ganze Straßenzüge der sogenannten Flächensanierung anheimfallen. Zum ersten Mal seit Wochen nimmst du den Weg wieder durch die enge, wohnliche Straße, und plötzlich sind um dich Weite und Licht. Aber was für Weite, was für Licht. Die Weite der Leere, das Licht der Fremde. Man muß sich nicht daran gewöhnen. Die Baubuden stehen schon; Umsatz und Rendite des Kommenden waren längst berechnet, da tapezierten die ahnungslosen Bewohner noch ihre Zimmer neu.

Zwar haben vor einigen Jahren, als aus Bonn öffentliche Mittel zur Altbausanierung kamen, fast alle Gebäude der Hauptgeschäftsstraße einen Anstrich in leuchtender Farbe erhalten, zwar renoviert die Stadt jetzt eine Zeile von zehn Häusern hinter dem Markt, in denen Mieter noch 1977 ohne Bad und mit Hofklo gewohnt haben, aber was sind solche Unternehmungen gegen die lange Liste der Verluste. Und keine Anzeichen dafür, daß diese Liste demnächst geschlossen wird. Parkhaus, Warenhaus, Ärztehaus, Apartmenthaus sind zeitgemäßere Nutzungsformen zentraler Grundstücke.

Wer heute in den alten Häusern lebt, tut es auf Abruf: Ausländer, Studenten, Greise. Innenstadt als Durchgangslager. Kaum einmal lassen sich Familien auf lange Sicht hier nieder. Wo sollen die Kinder denn spielen. Die Schule in der übernächsten Straße, der kleine Laden um die Ecke, die lebenslange Nachbarschaft, wo ist das alles geblieben, seit die Stadt, vor dem Krieg, vierzigtausend Einwohner hatte und man wirklich in ihr lebte, den Handwerkern bei der Arbeit zusehen und abends vor der Tür stehen und mit den Hausgenossen und Nachbarn reden konnte, während die Kinder durch die Straßen, um die Ecken tobten.

Heute ist der letzte stille Winkel von Autos verstellt, und die beiden Hauptstraßen haben sich in Haupteinkaufsstraßen verwandelt, so wie überhaupt aus der Stadt etwas ganz anderes, nämlich eine Einkaufsstadt, geworden ist. Der Stadtstreicher August, der meinem kleinen Sohn manchmal ein Bonbon zusteckt und den ich oft im Lesesaal der Bibliothek sehe, eingenickt über einem Band des Großen Brockhaus, Stichwort Alter, sagt auch, die Stadt, seine Stadt, habe sich in den letzten dreißig Jahren stärker verändert als in den dreihundert Jahren davor. Dabei sind doch nur fünf Bomben gefallen. Und wir, fragt er dann mit erhobener Stimme, was wird aus uns? Ja was.

Wer wir schon sind: Die Siedlung, in der wir wohnen, liegt weit vor der Stadt, sechs Kilometer. Sie gleicht einer Insel; auf zwei Seiten wird sie von Autobahnen, auf der dritten von der Bahnlinie mit ihren dreihundert Zügen pro Tag begrenzt. Wie der Wind auch steht, man hört das eine oder das andere. Eine einzige Straße, die Autobahn überbrückend, führt in die Siedlung und aus ihr heraus. Der dauerhaft asphaltierte Verbindungsweg zum eingemeindeten Nachbardorf mit seinen Läden, Kneipen und Handwerksbetrieben darf nur von den Stadtbussen befahren werden.

Das Viertel ist in den vergangenen acht Jahren auf die grüne Wiese, auf Äcker betoniert worden. Ringsum freies Feld. Abgestufte, bis zehn Stockwerke hohe und mehrere hundert Meter lange Häuserzüge. Breite, rechtwinklig sich kreuzende Straßen. Innenhöfe, so groß wie Fußballfelder, Autos über Autos. Wenn du da durchgehst, hast du nicht den Eindruck, das könnte Heimat sein. Wenn du die öden Spielplätze, die Baumkarikaturen, die sinn- und nutzlosen Grasplätze vor dem Hintergrund der Wohnungen siehst, wenn du weißt, daß die vielen Kinder nur im schmutzigen Sand spielen oder mit ihren Kettcars auf und ab fahren können, daß sie, älter geworden, nicht viel mehr als der Fernseher erwartet, wenn dir bewußt ist, daß die Gestaltungsmöglichkeiten der Erwachsenen nicht über das kollektive Anlegen schräger Trampelpfade zu den Haustüren hinausgehen, fragst du dich, was die Menschen, die hier für immer wohnen müssen, befähigt, eine solche Umgebung auszuhalten. Und was wird einmal aus den Kindern, die in diesen Siedlungen aufwachsen.

Die Tatsache, daß ähnliche Viertel, vielleicht schrecklicher, die nördliche Halbkugel von Moskau bis Chikago überziehen, tröstet mich so wenig wie die Kenntnis des undurchdringlichen Geflechts von Notwendigkeiten, das zu ihrem Bau geführt hat. Was vermag Einsicht gegenüber Gefühlen, Empfindungen. Die Traurigkeit, die ich beim Gang durch den Zoo verspüre, der Zwiespalt, der mit der Stumpfheit der Tiere auf der einen und mit dem Staunen der Kinder auf der anderen Seite zusammenhängt.

Klein-Chikago; so nennt man im Ostviertel auf der anderen Seite der Stadt, in den gepflegten Ein- und Zweifamilienhäusern mit den wunderbaren alten Bäumen vor dem Fenster und vor der Tür, dieses Neubaugebirge des sozialen Wohnungsbaus, dessen Quadratmeterpreise kaum niedriger sind als die Mieten guterhaltener Altbauwohnungen im Umkreis der Wälle. Wer wohnt hier. Das Industriegebiet ist zu Fuß zu erreichen. Nach vier, wenn die Betriebe Feierabend machen, rollen überfüllte Busse ins Viertel. Und von aller städtischen Prominenz hat sich ausgerechnet der Ratsherr der DKP in solcher Umgebung niedergelassen.

Das könnten Zufälle sein. Aber Zufälle, die sich häufen, bilden das Material, aus dem sich Regeln ableiten lassen. Regeln vielleicht über den Zusammenhang zwischen Einkommen und Wohnform. Wer will so etwas genau wissen, wenn er mit aller Kraft arbeitet. Daher die Isolation in den Blocks, die Scheu vor Berührungen. Die Situation der Nachbarn kann die eigene Situation deutlich machen. Und die Abwehr, das Mißtrauen, wenn Fremde Fragen stellen. Oh, es geht uns gut. Es fehlt an nichts. Aber was denkt man, wenn man sonntags das Auto nimmt und ins Ostviertel rüberfährt und dort spazierengeht, vorbei an Einfamilienhäusern, die nie unter fünfhunderttausend Mark gehandelt werden. Das frage ich mich.

Natürlich ist alles viel komplizierter, viel weniger eindeutig. Ich weiß das. Die Widersprüche der Wirklichkeit, ihre Vielfalt. Ich habe Bedenken bei jedem Versuch, sie in Worte zu fassen, ihnen mit Worten beizukommen. Zu leicht gleicht man seine Sätze den geahnten und gefühlten Wahrheiten an. Zu schnell steht dann auf dem Papier, was man gar nicht schreiben wollte, jedenfalls nicht so. Man hat sich viel mehr Zwischentöne, Nuancen vorgestellt, viel mehr Gerechtigkeit gegenüber dem, was da ist. Andererseits: So vielfältig die Wirklichkeit auch sein mag, so schwer sie sich beschreiben läßt, so einfach sind manchmal ihre Wahrheiten. Einfach und brutal wie diese Viertel, aus denen man nur in umgekehrter Richtung fliehen kann, ins neue größere Auto und in die Wohnung, deren Tür man hinter sich verriegelt, in die Sitzecke, die mit den Tapeten gewechselt wird, vor den Fernseher. Oder in die Ehescheidung, die unerklärliche Depression, die rätselhafte Allergie. In das Nichtwissenwollen.

Zwischen den letzten Blocks und der Autobahn ist vor vier Jahren eine Reihe Gartenhofhäuser gebaut worden. Hier wohne ich. Von hier aus sehe und erlebe ich das Viertel, von hier aus beschreibe ich es auch; die Menschen in den Hochhäusern und die unmittelbaren Nachbarn in ihren Bungalows mit hundertfünfzehn Quadratmeter Wohnfläche, von denen stets dreiundvierzig auf das Wohnzimmer, je zehn auf die beiden Kinderzimmer kommen. Haus an Haus auf kleinen Grundstücken. Fußwege zu den Eingängen. Weißgekalkte Mauern. In den Vorgärten hier ein Weißdorn, dort ein Sandkasten. Eine Bank neben der Haustür. Stockrosen. Nachmittags die Kinder, mit Rollern, Schaufeln, Pappkartons, mit Kreide und Fingerfarben. Die Mütter, die Väter stehen dabei, die meisten Anfang bis Mitte dreißig, Lehrerinnen, Wissenschaftler, leitende Angestellte, Geschäftsleute. Man erzählt sich was, viele duzen sich. Beinahe wie auf dem Dorf, soll eine Besucherin gesagt haben. Aber über allem der Lärm der Autobahn, die keinen Steinwurf weit entfernt ist. Und es gibt keinen Horizont. Man sieht nur die weißen Wände, die Gehwegplatten, die Büsche, die Kinder, den Himmel. Keine Landschaft, man ahnt noch nicht einmal die nahen Hochhäuser, deren Bewohner übrigens nie zwischen unseren Häusern spazierengehen. Auch die Kinder, die Halbwüchsigen halten sich fern. Einem Fremden muß das wie eine nach innen gewendete Idylle erscheinen.

Allerdings sind manche Anwesen schon in dritter Hand. Mehr als ein Viertel der Häuser hat nicht nur Ein-, sondern auch Auszüge erlebt. Für die einen war die Siedlung lediglich Durchgangsstation, sie haben von Anfang an ein «richtiges» Haus bauen wollen. Andere sind versetzt worden, konnten woanders besser Karriere machen. Mindestens eine Familie hatte sich übernommen; diesen war die Autobahn zu laut, jenen der Garten zu klein. Ohne Wimpernzucken wird der Möbelwagen bestellt. Oder die Zahl der Kinderzimmer hat nicht ausgereicht.

Außerdem geben die Gerüchte, Geständnisse, unterdrückten Schreie zu denken, dieser Schutt, der unser Weltbild nicht gerade bestimmt, aber bestätigt. Die dritte Tochter der Nachbarfamilie, elf Jahre alt, Vater Geschäftsführer einer Eisenwarenhandlung, wird demnächst in ein Heim auf dem Land gegeben. Sonst bricht die Familie auseinander, heißt es. Das Kind hat hysterische Anfälle und versucht immer wieder, per Anhalter zu den Großeltern nach Korbach zu kommen. Nachbarin auf der anderen Seite ist eine junge, alleinlebende Frau. Erst sind ihre Eltern mit dem Auto tödlich verunglückt, dann hat sie im eigenen Schlafzimmer den Mann mit einer Freundin ertappt. Seit der Scheidung bringt uns der Briefträger von Zeit zu Zeit ihre Einschreibbriefe mit der Forderung nach schriftlicher Stellungnahme: sie werde auf Schritt und Tritt überwacht, andauernd würde bei ihr eingebrochen, die Kripo sei schon informiert, ob wir etwas wüßten.

Dann gibt es den Angestellten des Kulturamtes, der unsere Kinder zum Weinen bringt, indem er ihnen mit scharfer, gepreßter Stimme den öffentlichen Rasen hinter seinem Haus verbietet. Kaum ist für ihn am Freitagnachmittag um drei der Dienst zu Ende, geht sein Klopfen, Sägen und Bohren los, das wir auch sonnabends und sonntags hören. Zuerst hat er die Betonplatten der großen Terrasse gegen Waschbeton ausgetauscht, dann waren Klinker doch schöner; anschließend wurde der Vorgarten asphaltiert und ein Schuppen gebaut; jetzt täfelt er alle Zimmerdecken mit Kiefernholz. Ich kann nicht ruhig sitzen, was soll ich machen, hat er lächelnd gesagt.

Im nächsten Haus wohnt der Prokurist mit den stillen, intelligenten Töchtern, der so stolz auf seinen auch im August noch dunkelgrünen Rasen ist. Vorige Woche hat er in der Augenklinik das Urteil gehört: beginnende Netzhautablösung. Die sozialen Sicherungen sind ja gut und schön, sagt die Frau, als wir uns an den Mülltonnen treffen, aber wie soll ich es mit ihm aushalten, wenn er bald den ganzen Tag im Wohnzimmer rumsitzt.

Und das Arztehepaar. Sechstausend Mark Monatseinkommen, und trotzdem handgreifliche Auseinandersetzungen wegen des Geldes. Vor jeder Einladung gibt er die Devise aus: Aber gefrühstückt wird zu Hause. Und sie nickt mit dem Kopf. Der Betriebsleiter, der immer von Zucht und Ordnung geredet hat und am Ende mit der neunzehnjährigen Freundin der Tochter zusammengezogen ist. Seine Frau geht von Tür zu Tür und zieht Erkundigungen über das neue Scheidungsrecht ein. Dann die Lehrerin mit den Beklemmungen, so eine Art seelische Atemnot, hat sie gesagt, die abends nach der Tagesschau ihren BMW mit Vollgas über die Autobahn nach Kassel jagt.

Schließlich Jan, sieben Jahre alt. Seine Eltern, Direktionsassistentin und promovierter Historiker, kommen erst abends nach Hause. Ich weiß, daß das schlimm ist, sagt die Mutter, aber meine eigenen Interessen sind mir wichtiger; habe ich nicht auch das Recht auf Selbstverwirklichung. Der Junge geht nach der Schule in den Hort, und nach dem Hort ist er ziellos mit dem Fahrrad unterwegs. Er stottert, macht ins Bett und erzählt kleineren Kindern blutige Märchen. Zwei Wochen vor seiner Einschulung sind die Eltern für einen Monat ins Ausland geflogen und haben ihn bei Nachbarn zurückgelassen, die ihrerseits nach zehn Tagen in Urlaub fuhren. Kann ich nicht bei euch wohnen. Ich habe seine Stimme noch im Ohr.

Im gleichen Monat wurde der Spielplatz unten am Lärmschutzwall eingeebnet. Der bärtige Politologe mit dem freundlichen Blick, Spezialgebiet Minoritätenprobleme, hatte das mit Anwalt, Unterschriftenliste und dauernden Protesten erreicht.

Sind wir das, ist von uns die Rede. Wir haben uns an den Stadtrand gedrängt und drängen lassen. Wenn wir in den Spiegel gucken, wissen wir nicht, wessen Gesicht wir sehen. Erstaunen. Erschrecken. Mein Kind ist ja ganz schmal. Was ist denn mit meiner Nase los. Und von unseren Träumen ist auch nichts zu erkennen. Das sollen wir sein. Sehen wir wirklich so aus, oder machen wir nur zufällig eine Grimasse, oder ist mit dem Spiegel etwas nicht in Ordnung. Irgendwann sind über dieser Frage vielleicht die Tage und Jahre vergangen, und die Antwort interessiert uns nicht mehr. Davor habe ich Angst.

QUELLENNACHWEIS

An dieser Stelle danken wir den nachstehenden Rechtsinhabern, die uns freundlicherweise den Nachdruck folgender Beiträge gestatteten: Droemer Knaur Verlag, München: *Peter Bamm · Untere Karspüle Numero 13* (aus: «Eines Menschen Zeit», 1976); den Autoren *Willi Fehse · Das kleine Entzücken; Manfred Hausmann · Göttinger Träume und Klänge;* Hoffmann & Campe Verlag, Hamburg: *Karl Krolow · Deutschland, deine Göttinger* (aus: «Deutschland – deine Niedersachsen», 1972); dem Autor: *Roderich Schmidt · Johannes Brahms und Agathe von Siebold – Eine Göttinger Liebesgeschichte;* Vandenhoeck & Ruprecht Verlag, Göttingen: *Ernst Honig · Das Chänse-Essen* (aus: «Schorse Szültenbürger. Vergnügte Geschichten aus dem alten Göttingen in Göttinger Mundart, Messingsch und Platt», 9. Auflage 1976); den Autoren: *Guntram Vesper · Am Stadtrand, wo ich wohne; Rudolf Otto Wiemer · Lichtenberg – Eine Göttinger Gedenktafel.*

In jenen Fällen, wo es nicht möglich war, den Rechtsinhaber resp. Rechtsnachfolger zu eruieren, konnte ausnahmsweise keine Nachdruckerlaubnis eingeholt werden. Honoraransprüche der Autoren oder ihrer Erben bleiben gewahrt.

KLEINE BETTLEKTÜREN ERFREUEN JEDES HERZ

*Jeder Band als Geschenk ein Kompliment
zum Lesen ein Vergnügen*

Für Menschen mit Liebhabereien

Feinschmecker	Gartenfreunde
Kaffeegenießer	Blumenfreunde
Teetrinker	Katzenfreunde
Weinkenner	Hundefreunde
Pfeifenraucher	Naturfreunde
Eisenbahnfreunde	Pferdefreunde

Aufmerksamkeiten und herzliches Dankeschön für

Frauen mit Charme	den besten aller Väter
kluge Köpfe	den verständnisvollen Großvater
vielgeplagte Mütter	den besten aller Schwiegerväter
unentbehrliche Großmütter	Strohwitwer
die beste aller Schwiegermütter	nette Nachbarn

Treffliche Breviere für große

Brahms-Verehrer	Mozart-Verehrer
Wilhelm-Busch-Freunde	Schubert-Freunde
Goethe-Freunde	Wagner-Verehrer
Morgenstern-Freunde	

Für unerschrockene Liebhaber von

Gespenstergeschichten	Schauergeschichten
Gruselgeschichten	Vampirgeschichten

Herzliche Aufmerksamkeiten

für liebenswerte Geburtstagskinder
für ein glückliches Leben zu zweit
zur Advents- und Weihnachtszeit
mit den besten Wünschen zum neuen Jahr
mit guten Wünschen für frohe Ostern
zur guten Besserung